Friedrich Jaennicke

Neue exotische Dipteren aus den Museen zu Frankfurt a.M. und Darmstadt

Friedrich Jaennicke

Neue exotische Dipteren aus den Museen zu Frankfurt a.M. und Darmstadt

ISBN/EAN: 9783743602151

Hergestellt in Europa, USA, Kanada, Australien, Japan

Cover: Foto ©Thomas Meinert / pixelio.de

Manufactured and distributed by brebook publishing software
(www.brebook.com)

Friedrich Jaennicke

Neue exotische Dipteren aus den Museen zu Frankfurt a.M. und

Darmstadt

NEUE

EXOTISCHE DIPTEREN

AUS DEN

MUSEEN ZU FRANKFURT A. M. UND DARMSTADT

BESCHRIEBEN VON

F. JAENNICKE.

Mit zwei Tafeln.

(Abdruck a. d. Abhandl. d. Senckenb. Gesellsch. Bd. VI.

Der grösste Theil der Dipteren-Sammlung des Senckenbergischen Museums, mit deren Ordnen ich seit einiger Zeit beschäftigt bin, ist s. Z. von Wiedemann bestimmt und in dessen „Aussereuropäische zweiflügelige Insekten" beschrieben worden. Von den später hinzugekommenen kleineren Sendungen ist sodann im Jahre 1848 ein Theil von Low bestimmt und einiges Neue, in seiner „Dipteren-Fauna Süd-Afrika's" und in „Neue Dipteren" II. 1854 publizirt worden. Den Rest habe ich nun in neuerer Zeit zugleich mit einer Anzahl exotischer Dipteren aus der Sammlung des inzwischen verstorbenen Herrn Senator von Heyden, welchem ich so manche Anregung und Forderung meiner entomologischen Studien danke, durchbestimmt. Nach Vollendung dieser Arbeit erhielt ich von Herrn Professor Kaup in Darmstadt eine weitere Anzahl, von Herrn F. Becker aus Worms in der Umgebung von Puebla de los Angelos in Mejico gesammelter und dem Museum zu Darmstadt geschenkter Dipteren zur Bestimmung und übergebe ich hiermit die Beschreibungen der bei den genannten Arbeiten gefundenen neuen Thiere der Oeffentlichkeit.

Zugleich muss ich hierbei bemerken, dass monographische Bearbeitungen der einzelnen Dipteren-Familien sehr verdienstliche, wie auch nicht minder sehr dankbare Arbeiten für die Autoren abgeben würden, indem einerseits nicht selten die europäischen und exotischen Gattungen nach ziemlich verschiedenen Prinzipien aufgestellt, andererseits aber in einer grossen Anzahl von Gattungen ganz heterogene Elemente friedlich neben einander untergebracht sind und endlich die Begrenzung mancher Gattungen eine mehr oder weniger künstliche oder ungenaue ist. Sehr bemerklich machen sich die erstberührten Verhältnisse ganz besonders bei den Bombyliden, Asiliden, Musciden, wie überhaupt in den grösseren Familien und beispielsweise in den Gattungen Bombylius, Pangonia etc. und wäre es mir ein Leichtes gewesen eine grosse Anzahl neuer Gattungen aufzustellen, allein es hatte dies wenig zur Klärung beigetragen und habe ich es für geeigneter gehalten, diese Arbeit den künftigen Monographen zu überlassen. Wo ich neue Gattungen aufgestellt habe, geschah es meist aus dem Grunde, dass ich für die betreffenden Thiere keine passende Unterkunft finden konnte. Synonymische und ähnliche Bemerkungen und Notizen habe ich an den geeigneten Orten eingeschaltet.

Von europäischen Species sind mir bis jetzt aus aussereuropäischen Ländern folgende vorgekommen:

Bombylius ater Scop	aus Egypten (Rüppel).
„ analis Fab.	„ „ „
Scatophaga merdaria Fab.	„ - „
Piophila affinis Mg.	„ „ „
Lispe tentaculata Deg.	„ „ „
Musca domestica L.	aus Brasilien (Freyreiss), Massaua (Rüppel), und Mejico (Illle).
Calliphora erythrocephala Mg.	aus Egypten (Rüppel).
Cyrtoneura stabulans Pll.	„ Chile (Bayrhoffer).
Syrphus corollae Fab.	„ „ „ und Egypten (Rüppel).
Eristalis aeneus Scop.	„ Nordamerika (Coll. v. Heyden).
„ tenax L.	„ Egypten (Rüppel).
„ taenlops W.	„ „ „
„ taphicus W.	„ „ „
Imatisma posticata Mcq.	„ Nordamerika (Coll. v. Heyden).
Syritta pipiens L.	„ „ „ „ „
Spilomyia bombylans Fab.	„ „ „ „ „
Hippobosca camelina Leach	„ Nubien (Rüppel).
„ Francilloni „	„ „ „

Sodann wollte ich noch bemerken, dass sich in der v. Heyden'schen Sammlung folgende Fliegen von Cuba befinden, welche in Ramon de la Sagra's „Historia fisica, politica y natural de la isla de Cuba" nicht genannt sind.

Lepiselaga lepidota W.

Chrysops crucians W.

Calobata lasciva Fab.

Lucilia putrida Fab.

und Volucella chalybescens W.

Was die Begrenzung der Gattungen betrifft, welchen die von mir hier beschriebenen Arten angehoren, so habe ich mich, so weit es thunlich war, beziehungsweise so weit dieselben europäische Repräsentanten besitzen, in dieser Beziehung nach den gegenwärtig für die Bestimmung europäischer Dipteren geltenden Grundsätzen gerichtet (Schiner: Fauna austriaca). Für rein exotische Gattungen bin ich selbstverständlich Macquart gefolgt.

In Betreff der Tachininen Gattungen möchte ich jedoch bemerken, dass ich die gegenwärtige Begrenzung derselben für eine ziemlich vage und zweideutige zu halten geneigt bin, da ich bei aller darauf verwendeten Mühe bis jetzt über manche derselben nicht zu der erwünschten Klarheit gelangt bin, und möchte daher auch vielleicht eine oder die andere meiner Gattungsbestimmungen in dieser Gruppe nicht absolut richtig sein.

Die als Hirmoneura beschriebenen beiden Thiere passen nicht ganz in den gegenwärtigen Gattungsbegriff und überlasse ich die Erweiterung des letzteren oder die Errichtung einer neuen Gattung dem künftigen Monographen.

In Exoprosopa Kaupii veröffentliche ich eine Species dieser Gattung, welche fünf Unterrandzellen zeigt und liegen mir eine grössere Anzahl Stücke derselben vor.

Die beiden beschriebenen Syrphus Arten gehören zu Syrphus in der Gattungsbegrenzung Macquarts (jedoch nur wegen der farbigen Seitenränder des Thorax).

Ich habe mich thunlichst bestrebt, keine bereits beschriebenen Species nochmals zu veröffentlichen und so die ohnehin schon belangreiche Synonymie zu vermehren. Sollte es dennoch vielleicht geschehen sein, so bitte ich die Herren Dipterologen dies weniger meiner auf diese Arbeit verwandten Aufmerksamkeit, als den öfters etwas mangelhaften Beschreibungen älterer Autoren wie Wiedemann, Macquart und Walker zur Last zu legen.

Schliesslich bemerke ich noch, dass sich die in den synonymischen Bemerkungen erwähnten Arten sämmtlich im Senckenbergischen Museum befinden mit Ausnahme von Mallophora scopifera Meg. bei v. Heyden.

Frankfurt a. M., den 10. Februar 1866.

Acroceridae.

52. Lasia cyaniventris.

Therevidae.

53. Thereva Schineri.
54. „ maculicornis.

Mydaidae.

55. Mydas gracilis.

Asilidae.

56. Leptogaster Ramoni.
57. Nicocles n. g.
58. „ snabs.
59. Dioctria lugubris.
60. Dasypogon Heydeni.
61. Scropogon bicolor.
62. Stenopogon Macquarti.
63. Atomosia Beckeri.
64. Parcus n. g.
65. „ fasciatus.
66. Mallophora nigriventris.
67. Erax Zetterstedtii.
68. Asilus sundaicus.
69. „ regius.
70. „ Agrion.
71. Dorychus n. g.

Muscidae.

72. Cyphops n. g.
73. „ fasciatum.
74. Spilogaster Wideri.
75. „ nigritarsis.
76. „ fasciata.
77. „ Osten-Sackeni.
78. „ calliphorioides.
79. Hylemyia simensis.
80. Anthomyia abyssina.
81. „ chilensis.

82. Lucilia Barthi.
83. „ Spekei.
84. „ rufipalpis.
85. „ Bayi.
86. „ lateicornis.
87. Calliphora croceipalpis.
88. „ fuscipennis.
89. Mesembrina anomala.
90. Onesia bivittata.
91. „ muscaria.
92. Cynomyia Desvoidyi.
93. Sarcophaga octomaculata.
94. Sarcophaga nubica.
95. Bowabaueria leucocephala.
96. Phorocera sarcophagaeformis.
97. „ coerulea.
98. Tachina cuboccola.
99. Exorista fasciata.
100. „ africana.
101. „ Bigoti.
102. Nemoraea arachnoidea.
103. Demoticus Ratzeburgii.
104. Micropalpus rufipes.
105. „ albomaculatus.
106. „ pallidus.
107. „ longirostris.
108. Echinomyia Costae.
109. Jurmea flavifrons.
110. „ apicalis.
111. „ fuscipennis.
112. Archytas n. g.
113. „ bicolor.
114. Dejeania variabilis.
115. „ striata.
116. „ rutilioides.

Syrphidae.

117. Volucella Marmillioni.
118. „ mollica.
119. „ Haagii.
120. Syrphus octoguttatus.
121. „ brevicus.
122. Eristalis thorracica.
123. „ tricolor.

Bibionidae.

1. Bibio elegans nov. sp. ♀

Rufus, coxis concoloribus; antennis, palpis pedibusque nigro—piceis: alis fuscis, margine antico obscurioribus.

Long. 7 mill. Patria: Australia (Kirchner).

Thorax, Hinterleib und Hüften rothgelb, mit kurzer, gelber Behaarung. Kopf mehr bräunlich. Augen und Punktaugen schwarz. Fühler und Taster dunkel rothbraun. Beine gleichfarbig, an den Gelenken heller. Flügel fast einfarbig rothlichbraun, längs des Vorderrandes bis zur kleinen Querader hin etwas dunkler. Randmal fehlt.

Mus. Senckenb.

Die Art scheint nah verwandt mit B. ruficoxis Mcq., jedoch macht die vierte Längsader nicht den starken Bogen zum Rande wie die erwähnte Art zeigt, sondern verläuft fast gerade.

2. Bibio castanipes n. sp. ?

Ex fusco niger, nitidus, pedibus castaneis, alis sub-albidis, margine antico fuscutis, stigmate fusco nigro.

Long. 6 mill. Patria: Illinois (Reuss).

Kopf schwarz, stark glänzend; Fühler und Taster dunkelbraun. Prothorax, Brustseiten und Hinterrucken rothbraun; die Brustseiten sparlich weisslich behaart. Rucken und Schildchen schwarz, die Behaarung scheint abgerieben. Hinterleib schwarz, ziemlich glänzend, mit sehr kurzer, an den Seiten dichterer weisslicher Behaarung. Hüften und Beine kastanienbraun. Flügel schwach getrübt, am Vorderrand bräunlich. Randmal braun, wenig auffallend. Adern am Vorderrand scharfer und brauner, nach hinten matter.

Mus. Senckenb.

3. Plecia minor n. sp. ♂

Nigra, thorace tribus incisuris longitudinalibus; alis subhyalinis basi margineque antico fuscis, nervis fuso-limbatis; stigmate fusco nigro.

Long. 5 mill. Patria: Brasilia (Freireiss).

Mattschwarz. Thorax schwach glänzend, seitlich etwas zusammengedrückt und in Folge dessen etwas hoch erscheinend mit drei tiefen Längsfurchen, deren seitliche vorn etwas abgekürzt sind. Hinterleib kurz schwarzbraun behaart. Beine dunkel schwarzbraun mit gleichfarbigen Härchen ziemlich dicht besetzt. Flügel fast glashell, an der Basis und längs des Vorderrandes, besonders in der Vorderrandzelle braun, mit braunschwarzem, nicht auffallendem Randmal. Adern braun gesäumt.

Mus. Senckenb.

Tipulidae.

4. Furina[1]) nov. gen. (Taf. 1 Fig. 1.)

Unter den von Wiedemann in der Gattung Limnobia untergebrachten Arten befindet sich auch eine L. rufithorax, welche jedoch durch ihren robusten Bau, sowie durch die schwarze Färbung, besonders durch die dicken schwarzen Beine, und die kräftigen schwarzen Flügel, unter den gracilen, hinfälligen und blassen Limnobien den Eindruck eines Fremdlings macht. Eine genauere Betrachtung des Thieres und Untersuchung des Flügelgeäders hat meine Vermuthung denn auch bestätigt und folgen hier die Gattungscharactere.

Thorax stark entwickelt in Breite und Höhe. Hinterleib etwas mehr als zweimal so lang, ziemlich schmal, achtringlich. Kopf von mittlerer Grösse. Augen gross, stark vortretend. Erstes Fühlerglied cylindrisch, um die Hälfte länger als breit; das zweite kurz, breiter als lang; das dritte und die folgenden beinahe eiförmig, vorn abgestulzt, zwischen der Basis und der Mitte mit zwei zu beiden Seiten nach Oben abstehenden Haarborsten. Rüssel kurz; Taster viergliedrig. Beine ziemlich lang, sehr kräftig und auffallend stärker als sie in der Regel in dieser Familie gebildet sind. Schienen am längsten Schenkel nach der Spitze hin allmälig verdickt, etwas kurzer als die Schienen, beide seitlich etwas abgeplattet. Metatarsus so lang als die übrigen

---

[1]) Ahrens. Gottin, Cic. de nat. deor. 3. 18. 46.

Tarsenglieder zusammen. Flügel um die Hälfte länger als der Hinterleib, robust und von kräftigen Adern durchsetzt. Sieben Längsadern. Zweite Längsader gegabelt; der untere Ast der Gabel etwas vor ihrer Mitte durch eine gerade Querader mit der mit ihr parallel verlaufenden dritten Längsader verbunden, wodurch eine äussere und eine innere Randzelle entstehen. Discoidalzelle drei Adern zum Flügelrande sendend. Hintere Querader nahe hinter der Basis der Discoidalzelle.

Mus. Senckenb.

5. Macrothorax[1]) nov. gen. Taf. 1 Fig. 2.

In Fühlerbildung und Flügelgeäder mit Megistocera W. verwandt. doch im Körperbau wesentlich verschieden.

Thorax ausserordentlich stark entwickelt. von ungewöhnlicher Höhe und Breite und von nahe der Länge des Hinterleibs, vorn einen sehr starken Höcker bildend. Hinterleib neungliedrig, im Verhältniss zum Thorax sehr schwach entwickelt, wenig länger als letzterer. Kopf tief am Thorax eingefügt, vorgestreckt mit langem Russel. Stirne sehr breit, dicht über den Fühlern mit einem starken Höcker. an dessen Grunde sich jederseits eine kleine Anschwellung zeigt. an welcher sich nach Vorn eine länglich runde glänzende Fläche mit einem dunkleren Punkt in der Mitte findet. Rüssel wie bei Tipula. Taster viergliedrig. Fühler vorgestreckt, stabförmig; das erste Glied fast von der Länge des Russels. angeschwollen. fast cylindrisch: das zweite Glied kurz, nicht ganz halb so lang als breit; die folgenden stabförmig (nur bis zum sechsten vorhanden). Augen klein, ganz an den Seiten liegend. Schwinger lang gestielt. Beine fehlen. Flügel fast dreimal so lang als der Hinterleib. Der Adernverlauf wie bei Megistocera (Wiedemann Bd. I. Taf. 6 Fig. 1).

Die bei Macquart (Dipt. exot. I. tab. 6.) abgebildete Megistocera limbipennis Mcq., welche Walker (List of Dipteros Insects etc.) als synonym mit M. brasiliensis W. betrachtet, was schon der Abbildung der ersteren nach nicht der Fall sein kann, scheint mir sogar eine neue Gattung zu bilden. da sie eine doppelte erste Längsader zeigt, deren vorderer Theil von der Flügelbasis aus schon getrennt vor der Hauptader herläuft und etwas vor der Flügelhälfte in den Vorderrand einmündet, was weder bei M. brasiliensis W.. welche als typisches Exemplar vor mir liegt, noch bei Macrothorax der Fall ist.

[1]) von: μακρός lang ; θώραξ Brustkasten.

6. **Macrothorax ornatus** n. sp. ♂ Taf. 1. Fig. 2.

Ferrugineus; thorace quatrivittato, flavido-pubescente; antennis fuscis, alis hyalinis, margine antico vitta longitudinali ferruginea, stigmate fusco.

Long. 16 mill. Long. alae. 2 mill. Patria: Australia (Kirchner).

Eine Pracht-Tipulide! Rostgelb. Kopf und die starke Stirnbeule mit langerer, gelber, aufgerichteter Behaarung. Rüssel sehr kurz gelb behaart. Taster braunlich, an der Wurzel rostgelb. Fühler braun, die beiden Wurzelglieder gelb. Thorax rothgelb, matt mit auf dem vorderen Theil dichterer und langerer, abstehender gelber Behaarung und vier rotheren Langsstreifen, deren mittlere den Vorderrand erreichen. Schildchen und Hinterrucken gelb, etwas heller bereift und gelb behaart. Brustseiten matter, etwas graulich bereift. Hinterleib schmal, glanzend, gelb, welche Farbe vom vierten Segment an in braun übergeht, spärlich gelb behaart; die letzten Segmente dunkelbraun. Hüften und Trochanteren rostgelb. Beine fehlen, (vermuthlich gleichfarbig). Flügel glashell, langs des Vorderrandes mit breiter, rostgelber, langs ihrer inneren Grenze braun markirter Strieme. An der Flügelspitze ist die rostgelbe Farbung in den ausseren Randzellen bis auf eine braunliche Trübung erloschen. Fünfte Langsader gelb, und gelb gesaumt.

Mus. Senckenb.

7. **Tipula niligena** n. sp. ♂

Testacea; thorace vittis quatuor cinereis, fusco-marginatis; abdomine ferrugineo, margine postico segmentorum singulorum nigro-fusco; alis subhyalinis, basi margineque antico flavescentibus, nervis flavescente limbatis.

Long. 16 mill. Patria Simen (Ruppel).

Graugelb. Kopf grau, der Rüssel rostgelb, gelblich behaart. Taster dunkelbraun. Fühler braun, an der Basis rostgelb. Thorax graugelb mit vier braungerandeten, aschgrauen Langsstriemen. Die Seitenstriemen setzen sich über die Mittelbrust fort und endigen hier, wahrend deren braune linienformige Ränder sich nunmehr vereinigen und sich jederseits uber das Schildchen fortsetzen um auf dem Hinterrucken, über dessen Mitte, in eine Linie vereinigt, eine braune Langslinie zu bilden. Auf der Mittelbrust sind die Seitenstriemen im vorderen Drittel durch eine Verbindungslinie zwischen den braunen Randstreifen in zwei Theile abgeschnürt. Brustseiten, Schildchen und Hinterrucken gelbgrau. Hinterleib gelb; die Hinterrander der Segmente auf der Ober- wie auf der Unterseite schwarzbraun. Der letzte Ring bräunlich, nur an der Basis gelb.

An der Basis des Bauchs ein rundlicher schwarzer Fleck. Hypopygium schwach entwickelt, gelb, kurz gelb behaart. Beine braun; Hüften und Wurzelhälften der Schenkel gelb. Flügel fast glashell, schwach graulich getrübt; Basis, Vorderrandzelle und Randmal gelb; Vorderrandzelle schwächer gefärbt; Randmal klein und nicht auffallend.

Mus. Senckenb.

8. Tipula abyssinica n. sp. ♂

Testacea; thorace e cervino cinereo, vittis quatuor cinereis fusco-marginalis, abdomine medio utrinque linea fusca. Alis subhyalinis, basi, margine antico, lineaque media longitudinali subfuscis.

Long. 15 mill. Patria: Simen (Ruppel).

Gelblich. Kopf dunkelaschgrau; Rüssel rostgelb. Taster schwarzbraun. Fühler braun, an der Wurzel gelb, die gelbe Farbe allmälig in die braune übergehend. Brustleiste gelb. Oberseite des Thorax gelblich aschgrau mit vier grauen, braungerundeten Langsstreifen. Schildchen und Hinterrücken grau; ersteres nach der Spitze hin gelblich. Brustseiten gelblich, in der Mitte grau. Hinterleib auf der Wurzelhälfte gelb, nach hinten in grau übergehend, in der Mitte und auf beiden Seiten mit einer breiten Langslinie. Bauch an der Wurzel mit rundem, schwarzbraunem Fleck. Hypopygium gelblichgrau. Beine braun. Hüften und Wurzelhälfte der Schenkel gelb. Flügel ziemlich hell, an der Wurzel, längs des Vorderrandes und längs der sehr auffallenden, schwarzbraunen, doppelten fünften Langsader, bis zur Gabelung derselben gebräunt. Vordere Basal-, Discoidal- und erste Hinterrandzelle glashell.

Mus. Senckenb.

Tipula pectinata W. gehört nicht wie Macquart glaubt in dessen Gattung Ozodicera, von welcher sie sich in der Fühlerbildung wesentlich unterscheidet. Wenn Macquart sagt (Dipt. exot. I. pag. 47): „Il semble que les articles rameux des antennes n'ont qu'une seule branche et par cette raison, Mr. Westwood la considère comme faisant partie de ce même genre auquel il a donné le nom d'Hemicterna" so ist diese Meinung die richtige, wie auch aus der Wiedemann'schen Beschreibung deutlich hervorgeht, allein somit hätte auch Macquart nicht Hemicterna Westw. als Synonym mit Ozodicera suffubrex durfen, was unrichtig ist. Westwood scheint übrigens, nach Macquarts obiger Bemerkung zu urtheilen, das Thier nicht aus eigener Anschauung gekannt zu haben.

9. Gynoplistia fusca n. sp. ♂ & ♀

Fusca, thorace griseo, fusco-vittato et maculato, scutellogriseo; antennis pedibusque fusco-testaceis; alis flavidis, venis transversalibus fusco limbatis.

Long. 22 mill. Patria: Chile (Cumming).

Stirne, Russel und Taster braungrau; die ersteren spärlich gelblich behaart. Fuhler braun; die 10 oberen Fortsotze beim ♂ viel länger als beim ♀ und sehr zart und dicht gefiedert; die beiden unteren beim ♀ fehlend. Thorax braun, graugelblich bestaubt mit dunkler, ziemlich breiter, Mittelstrieme, welche zu beiden Seiten scheinbar von einer in Flecken aufgelösten, hinten verkurzten, Seitenstrieme begleitet wird. Der vordere Fleck bildet jederseits einen schrag auswarts stehenden kurzen Strich und ist derselbe auch beim ♀ sehr deutlich, wahrend bei diesem der zweite Fleck undeutlich ist. Drustseiten grau. Hinterleib braun, grau schimmernd, spürlich gelblich behaart, beim ♂ dunn und sehr lang, gegen den kolbigen After hin etwas erweitert; beim ♀ glanzender, breit, flach und hinten zugespitzt. Fusse des ♂ sehr lang (nur das vordere Paar vorhanden), gelbbraunlich, die des ♀ braun, viel kurzer und dicker, mit nach der Spitze hin etwas verdickten Schenkeln. Flugel gelbbraunlich; die hintere Basalzelle fast glashell. Querndern schmal dunkel gesaumt.

Coll. v. Heyden.

Stratiomydae.

10. Elasma[1] n. gen. Taf. 1. Fig. 3.

Kopf langlich, plattgedrückt, beim ♀ mit breitem Augenhinterrand und breiter Stirne. Russel eingezogen. Fühler am Vorderrand des Kopfes eingefugt, langer als letzterer und gerade vorgestreckt. Erstes Glied fast cylindrisch, langlich; das zweite Glied becherformig, kaum halb so lang als das erste; das dritte lang, funfgliedrig; der funfte Abschnitt in eine lange an der Wurzelhalfte etwas erweiterte und schwach zusammengedruckte, nadelformige Spitze auslaufend, deren Länge mehr als die Halfte der ganzen Fuhlerlange betragt. Thorax verlangert und vorn verschmalert. Schildchen mit vier Dornen. Hinterleib funfringlich, oval. Dritte Langsader gegabelt. Discoidalzelle drei Adern zum Flugelrand sendend.

---

[1] Ελασμα die Platte.

Diese Gattung steht in der Mitte zwischen Acanthina W. und Phyllophora Mcq. Im Habitus der ersteren Gattung ähnlich, zeigt sie die langen, wenn auch abweichend gebauten Fühler der letzteren.

11. **Elasma acanthinoidea** n. sp. ♀ Taf. 1 Fig. 3.

Nigra; punctata; antennis flavis, apice brunneis, scutello flavido marginato; pedibus pallidis; alis fuscatis, stigmate, apiceque fuscis.

Long. 6 mill. Patria: Java (Fritz).

Stirne und hinterer Augenrand glatt; glänzend schwarz; die Stelle dicht über den Fühlern und das Untergesicht weisslich schimmernd. Taster gelb, an der Spitze schwarz. Fühler gelb, das Wurzelglied heller; die Spitze des dritten braun. Thorax und Schildchen schwarz, schwach glänzend, unbehaart und ziemlich grob und dicht punktirt; das Schildchen schmal gelb gerundet mit gelben Dornen. Brustseiten etwas glänzender, mit sehr kurzer und feiner weisslicher Behaarung versehen. Hinterleib etwas feiner punktirt und wie der Bauch ebenfalls die vorerwähnte feine Behaarung zeigend. Beine bleichgelb. Flügel getrübt, am ganzen Rande sehr fein gewimpert; die Spitze und das Randmal gelbbraun.

Coll. v. Heyden.

12. **Odontomyia Kirchneri** n. sp. ♂

Ex coeruleo nigra; thorace fulvescento piloso; scutello flavomarginato; abdomine testaceo, fascia lata dorsali nigra, pedibus rufis.

Long. 11 mill. Patria Australia (Kirchner).

Untergesicht bräunlichgelb, durchscheinend, glänzend mit kurzer, weisser, glänzender Behaarung. Fühler rothgelb. Taster gelblich. Thorax blauschwarz, durch eine äusserst feine und kurze goldglänzende anliegende Behaarung erzartig schimmernd, an den Seiten dichter röthlichgelb behaart. Schildchen blauschwarz mit breitem gelbem Hinterrand. Hinterleib hell bräunlichgelb, glänzend, sehr dünn gelblich behaart, mit schwarzer Mittelstrieme, welche an der Basis am breitesten ist. Die schwarze Färbung ist überhaupt auf den einzelnen Ringen am Vorderrand breiter und verengt sich nach dem Hinterrand hin. Das erste Segment ist fast ganz schwarz und auf dem letzten zeigt sich die schwarze Färbung nur noch auf der vorderen Hälfte. Bauch einfarbig gelb. Brustseiten schwarz mit kurzer weisser glänzender Behaarung. Hüften und Beine röthlichgelb, die Tarsen der Hinterbeine rothbräunlich; Schenkel weisslich behaart. Flügel

3*

glashell mit blassgelben Adern und gleichfarbiger Vorderrandzelle. Letztere nach der Spitze hin, einem Randmal entsprechend, etwas intensiver gefärbt.

Mus. Senckenb.

13. Odontomyia prasina n. sp. ♂

Viridis; thorace nigro, fulvido piloso; abdomine nigro vittato punctisque duabus lateralibus nigris; antennis nigris.

Long. 13 mill. Patria: Mejico.

Diese Art steht der O. Lefeburei Mcq. (Dipt. exot. I 189) sehr nahe; unterscheidet sich jedoch von derselben wie folgt:

1) Die beiden ersten Fühlerglieder sind schwarz und ist das zweite an der Wurzel und an der Spitze hell braunroth. Das dritte Glied ist oben schwarz, unten hell braunroth.

2) Die Oberseite der Thorax ist fuchsröthlich behaart.

3) Die Schenkel sind durchaus gelb, ohne schwarze Abzeichen. Sonst alles wie bei O. Lefeburei Mcq.

Mus. Darmst.

14. Rondania n. gen. Taf. 1. Fig. 4.

Da nach der gegenwärtigen Begranzung wenigstens der europäischen Gattungen, Clitellaria chalybaea W. (sowie auch wahrscheinlich die mit derselben verwandten Arten) weder mehr in die Gattung Clitellaria noch in die Gattung Ephippium, wohin sie Macquart stellt, passt und besonders desshalb nicht, da bei Clitellaria chalybaea W. die Discoidalzelle nur drei Adern ausstrahlt, während die vierte zum Flügelrand gehende Ader aus der Baselzelle und zwar ziemlich entfernt von der Discoidalzelle entspringt, habe ich mich veranlasst gefunden auf die genannte Art eine neue Gattung zu gründen, in welche wahrscheinlich noch mehrere der mir noch unbekannten, übrigen exotischen zu Clitellaria gerechneten Species gehören durften. In Bezug auf das Flügelgeäder nähert sie sich sehr der Gattung Cyphomyia, da auch bei ihr die vierte Langsader in ihrer grösseren Ausdehnung zwischen den Baselzellen sehr blass und unscheinbar ist und erst in dem nächst der Discoidalzelle gelegenen Viertel in voller Ausbildung auftritt.

Thorax so lang als der Hinterleib, vorn verschmälert und gerade abgestutzt. Schildchen mit zwei Dornen. Hinterleib fast rund, plattgedruckt, viel breiter als der

Thorax und fünfringlich. Kopf mit breitem Augenhinterrand und breiter Stirne. Scheiteldreieck mit den Ocellen etwas erhöht. Rüssel zurückgezogen, mit mässig breiten
Saugflächen. Taster zweigliedrig. Fühler verlängert. Das erste Glied gerade vorgestreckt, schmal, kürzer als der Kopf, nach vorn zu verdickt; das zweite Glied verkehrt kegelförmig; das dritte langgestreckt, scheinbar vierringelig mit abstehender End-
borste. Untergesicht etwas zuruckweichend. Discoidalzelle drei, die Basalzelle eine
Ader zum Flügelrande sendend. Die vierte Langsader zwischen den Baselzellen in
grosserer Ausdehnung sehr blass und unscheinbar, fast fehlend und erst in dem nächst
der Discoidalzelle gelegenen Viertel deutlich ausgebildet. Mittelschienen in der Mitte
nach innen zu verdickt; die verdickte Stelle einem stumpfen Dorn ähnlich.

15. Rondania obscura n. sp. ♂ & ♀

Nigra; thorace maris aurichalceo-, foeminae argenteo-piloso; abdomine segmentis
posticis aureo-pilosis; tarsis basi albidis; alis fuscatis.

Long. 8 mill. Patria: Mejico.

Das Thier ist schwarz und durchaus silberglänzend behaart, ausgenommen die
Dornen des Schildchens und die beiden ersten Tarsenglieder, welche weiss sind. Der
Diagnose ist nur weniges beizufugen. Die Stirne des Weibchens zeigt über den Fuhlern einen nach Oben offenen, scharfbegrenzten, hufeisenförmigen Eindruck. Die Augen
sowie die beiden ersten Fuhlerglieder sind braunhaarig. Hinterer Augenrand silberschimmernd. Der Thorax des Mannchens ist dichter und messinggelb behaart und
ausser der kurzen noch mit langerer abstehender Behaarung besetzt. Die beiden letzten
Hinterleibssegmente sind in beiden Geschlechtern auf der Oberseite kurz goldglänzend
behaart. Flugel braunlichgrau.

Mus. Darmst.

16. Sargus festivus n. sp. ♀

Thorace viride, flavo pubescente; abdomine cupreo; palpis pedibusque flavis; alis
fuscatis.

Long. 9 mill. Patria: Abyssinia (Ruppell).

Stirne goldgrun; Fuhler gelb. Untergesicht schwarzlich mit kupferfarbigem
Schimmer. Taster gelb. Thorax und Schildchen glänzend goldgrun, kurz rothlichgelb
behaart. Schwinger gelb. Hinterleib mit ziemlich langer, abstehender Behaarung, keulen-
formig, fast gestielt, kupferroth, glänzend, an der Wurzel grun; letztere Farbe durch

erzfarbige Töne in die kupferrothe Färbung übergebend. Beine röthlichgelb; die Tarsen der Hinterbeine schwärzlichbraun. Flügel gebräunt, stark irisirend; an der Basis goldgrün schillernd mit schwachen purpurrothen Reflexen (nach dem Aufweichen und daher auch wahrscheinlich im Leben).

Mus. Senckenb.

17. Sargus violaceus n. sp. ♂

Thorace violaceo, fulvescente hirsuto, scutello testaceo-marginato; abdomine fusco, basi aeneo, segmentis anticis testaceis; pedibus flavis; alis fuscatis.

Long. 11 mill. Patria: Brasilia (Freireiss).

Stirne und Untergesicht erzgrün. Taster und Fühler gelb. Thorax und Schildchen glänzend veilchenblau mit ziemlich dichter kurzer fuchsrothlicher Behaarung; das Schildchen mit gelblich durchscheinendem Hinterrand. Hinterrücken blau, an den Seiten grünlich. Hinterleib an der Basis erzgrün; die vorderen Segmente gelblich durchscheinend mit erzfarbigen Reflexen, die hinteren Segmente dunkelbraun, am Hinterrande kurz fuchsröthlich behaart und stehen auch auf der Mitte etwas längere schwärzliche Haare. (Der Hinterleib des vorliegenden Exemplares ist sehr zusammengeschrumpft und ziemlich abgerieben.) Brustseiten bläulich, glänzend, unterhalb der Flügel bräunlichgelb durchscheinend. Hüften und Beine gelb.

Mus. Senckenb.

Sargus vespertilio Fab. gehört in die Gattung Chrysochlora Latr.

„ Winermis W. „ „ „ „ Rhaphiocera Mcq.

Beris Servillei Mcq. gehört wohl in die Gattung Actina Mg. Eine Beris ist es keinenfalls, was auf den ersten Blick zu erkennen ist. Macquart selbst hat seinen Bedenken in dieser Beziehung Ausdruck verliehen in den Worten: „Cette espèce diffère des autres par la conformation des palpes, par la nudité des yeux ♂, par les tarses postérieurs non renflés et par les „cinq“ cellules postérieures des ailes“. (Dipt. ex. I 173.)

Acanthometra W. und Rhaphiorhynchus W. sind von Walker im Catalog des Brit. Mus. an das Ende der Tabaniden, und zwar unter „B. Proboscis retracta“ gestellt worden. Meines Erachtens stehen sie hier nicht am geeigneten Orte und die Ansicht von Macquart, welcher dieselben als Gruppe der Xylophagiden betrachtet, scheint mir die richtigere. Wenn diese Gattungen sich auch in der letzteren Familie ziemlich fremdartig ausnehmen, so stehen sie derselben, besonders in Ansehung der Schüppchen und des Geäders, doch entschieden näher als den Tabaniden.

Tabanidae.

18. Pangonia jucunda n. sp. ♀

Nigra: thorace scutelloque flavido piloso; abdomine nitido, autennis, pedibusque nigris, alis subhyalinis, cellule prima postica aperta.

Long. 12 mill. Patria Chile (Cumming).

Stirne und Untergesicht schwarz, erstere wie die Augen kurz und dicht schwarz behaart. Russel von halber Körperlange. Taster schwarz. Bart gelblichgrau. Fühler schwarz, das erste Glied an der Spitze mit langen, schwarzen, abstehenden Haaren. Thorax und Schildchen schwarz mit gelblichgrauer, an den Seiten und am Hinterrand dichterer Behaarung, welche mit längeren schwarzen Haaren untermischt ist, und treten die letzteren am Hinterrande des Thorax und Schildchens am längsten auf. Brustseiten schwarz, nur am Seitenrand behaart, nach unten nackt. Hinterleib glänzend schwarz und besonders an den Seiten ziemlich dicht schwarz behaart; die Basis und der zweite Ring kurz gelblichgrau behaart. Bauch glänzend schwarz, durchaus kurz schwarz behaart. Beine schwarz, schwarz behaart; die Schienen der Hinterbeine dicht graulich behaart. Flugel fast glashell erscheinend, schwach graulich getrübt.

Coll. v. Heyden.

19. Pangonia aurofasciata n. sp. ♀ Taf. I. Fig. 5.

Thorace flavo, trivittato; abdomine nigro, aurofasciato. Alis basi marginique antico flavis, nervis flavo-limbatis; cellula prima postica aperta; furca nervi tertii appendiculata.

Long. 19 mill. Patria Australia (Kirchner!)

Kopf gelb, goldgelb bestaubt. Bart goldgelb. Stirne mit glatter, gelber, keulenformiger Langsschwiele. Augen nackt; Punktaugen schwarz. Die beiden ersten Fühlerglieder gelb, an der Unterseite mit gleichfarbigen Börstchen besetzt. (Das dritte Glied fehlt). Russel von mittlerer Lange mit kraftig entwickelten Saugflachen. Erstes Tasterglied kurz, das zweite sehr lang, orangeroth. Oberseite des Thorax gelb, goldgelb bestaubt mit gleichfarbiger, kurzer, mit schwarz untermischter, sehr feiner Behaarung, und drei schwarzbraunen, glänzenden, ziemlich breiten Längsstriemen, deren seitliche vorn verkürzt sind. Die etwas breitere Mittelstrieme verschmälert sich nach hinten und zeigt auf ihrer Mitte eine sehr feine gelbe, besonders am Vorderrand sehr deutliche Längslinie. Schildchen gelb, matt, gelb bestaubt mit sehr feiner seidenglänzender gelber Behaarung; Brustseiten desgleichen; die Beule vor der Flügelwurzel rothbraun, mit gleichfarbiger, etwas dunklerer Behaarung und breiter gelber Querbinde; die Behaarung in der, zunächst der Flügelwurzel gelegenen Ecke am dichtesten. Hinterleib auf der Oberseite schwarz, glanzend, mit feiner kurzer, anliegender schwarzer Behaarung: die hintere Hälfte der Segmente gelbroth durchscheinend und dicht, gelb, goldglänzend, anliegend behaart. Das fünfte und sechste Segment sind rothlich durchscheinend und fuchsroth behaart und nur der Vorderrand des fünften zeigt noch eine Spur der schwarzen Furbung. An der Bauchseite, welche in der Anlage der Oberseite entspricht, tritt die schwarze Farbung viel ausgebreiteter auf; die Hinterränder der Segmente sind viel schmaler, deren Farbe ist mehr weisslich und nur am Rande der schwarzen Farbe zeigt sich eine rothgelbe Forbung, sowie auch die Behaarung der Binden ebenfalls eine weissliche geworden ist. Die letzten Segmente dagegen entsprechen ganz der Oberseite. Beine orangeroth, gleichfarbig behaart. Schwinger gelb. Flügel an Wurzel und Vorderrand gelb gefärbt, die Spitze der Unterrandzelle jedoch glashell; Flugelspitze und Hinterrand schwarzlich getrübt. Gabel der dritten Längsader mit rücklaufendem Aderanhang. Adern gelb, gelb gesäumt.

Mus. Senckenb.

20. **Pangonia dilatata** nov. sp. ♀

Thorace fusco castaneo, bivittato, lateribus albo maculato; abdomine dilatato, depresso, incisuris maculisque dorsalibus albis: oculis hirtis; alis fuscatis; cellula prima postica clausa; pedibus nigris.

Long. 22 mill. Patria Australia (Kirchner).

Stirne und Untergesicht dunkelrothbraun, gleichfarbig bestaubt. Bart von gleichfalls dunkelrothbrauner Farbe. Stirne ziemlich schmal, kurz rothbraun behaart, mit einer schwach glanzenden keulenförmigen Längsschwiele. Am Scheitelrande eine Gruppe etwas längerer Haare. Erstes und zweites Fühlerglied dunkelrothbraun mit gleichfarbiger abstehender Behaarung, welche an den Rändern und an den Spitzen besonders stark auftritt; das dritte Glied schwarz, sammtartig glänzend, an der Basis breit, ziemlich langgespitzt und hornartig aufwärts gebogen. Russel von mittlerer

Lange mit kräftig entwickelten Saugflächen. Erstes Tasterglied kurz, fast schwarz, dunkel behaart; das zweite, dunkelrothbraun, sehr lang, mit sehr kurzen Börstchen besetzt. Augen kurz und dicht behaart; der Hinterkopf weisslich bestäubt und behaart. Thorax dunkelrothbraun, glänzend, sehr spärlich und nur an den Seiten der Vorderecken dichter behaart mit einer feinen schwarzen Mittel- und zwei weisslich bestaubten Seitenlinien. An der Stelle, wo letztere den Hinterrand erreichen, jederseits ein kleiner gelblichweisser Haarbüschel. Am Seitenrande befinden sich aus weisslichgelben, längern dicken Haaren gebildete, filzig aussehende Haarflecke, deren auffallendster auf der vor der Flügelwurzel liegenden Beule sitzt. Brustseiten dunkelrothbraun, zottig behaart. Schildchen rothbraun, kahl, sehr breit. Hinterleib sehr breit, schwach gewölbt, schwarz, glänzend mit schwarzer, niederliegender, kurzer, nur an den Seitenrändern dichter auftretender Behaarung und weisslichen dichten Haarflecken von folgender Anordnung: Der Mittellinie entsprechend findet sich am Hinterrande des ersten bis vierten Segments ein dünner weisser Haarfleck. Die seitlichen dichteren Flecke stehen an den Hinterecken der Segmente, das erste Segment jedoch zeigt hier nur dünner stehende weisse Haare. Das zweite Segment zeigt hier eine dichte Bewimperung, welche etwa ein Drittel des Raumes bis zur Mitte einnimmt. Am dritten Segment zeigt sich nur am äussersten Rand ein dünner weisser Fleck, während sich am vierten ein dichter, fast dreieckiger Fleck zeigt. An den Seiten des fünften und sechsten Segments findet sich nur dichte längere schwarze Behaarung, während das siebente wieder in grösserer Ausdehnung weiss gewimpert erscheint. Bauch dunkelbraunroth, schwarz behaart; die Hinterränder des zweiten bis vierten Segments dicht weiss gewimpert, welche Bewimperung durch eine breite Mittellinie und eine zwischen dieser und dem Rande jederseits liegende Seitenlinie, welche schwarze Behaarung zeigen, unterbrochen wird. Das siebente Segment der Oberseite entsprechend. Beine schwarz, kurz schwarz behaart. Flügel gebräunt, die Adern rothbraun, gelbbraun gesäumt. Vorderrandzelle gelbbraun. Erste Hinterrandzelle geschlossen.   Mus. Senckenb.

21. Pangonia Rüppellii n. sp. ♀

Thorace nigro, fulvido-pubescente; abdomine ferrugineo, media postica nigro; oculis nudis; pedibus flavis; femoribus nigris; alis flavescentibus, cellula prima postica clausa; furca nervi tertii appendiculata.

Long. 12 mill. Patria Simen (Rüppell).

4

Stirne und Untergesicht schwarz, gelhlichgrau bestäubl; erstere am Scheitel mit glänzend schwarzer, dreieckiger Schwiele, in deren Spitze die Ocellen sitzen. Augen nackt. Erstes Fühlerglied schwarz, das zweite dunkelbraun, das dritte fehlt. Bart fuchsröthlich. Rüssel lang und spitz. Taster rothbraun; das zweite Glied so lang als das erste, schmal und spitz. Thorax und Schildchen schwarz, grau bestäubt mit kurzer ziemlich dichter röthlichgelber Behaarung. Die Brustseiten nur in der Nähe der Flügelwurzel dichter behaart, sonst ziemlich kahl. Hinterleib auf der vorderen Hälfte röthlichgelb, durchscheinend. an den Seiten mit gleichfarbiger glänzender Behaarung: vom dritten Segment an glänzend schwarz, mit seidenglänzender, röthlichgelber Behaarung der Hinterränder. Die Mitte des zweiten Segments zeigt ausserdem einen schwärzlichen, rundlichen Fleck. Bauchseite matter, die Behaarung weisslicher und auf den oberen Segmenten ziemlich dicht. Schenkel dunkelrothbraun, kurz schwarz behaart; Schienen und Fusse gelb. Flügel gelblich mit gelben Adern; erste Hinterrandzelle geschlossen: Gabel der dritten Längsader mit rücklaufendem Aderanhang.

Mus. Senckenb.

22. Pangonia crocata n. sp. ♀

Atra, barba crocea; ano pleurisque croceo-hirsutis; oculis pilosis, alis subbyalinis, basi, margineque antico fuscatis.

Long. 17 Mill. Patria Chile (Bayrhoffer! Cumming!)

Stirne und Untergesicht schwarz; erstere mit ziemlich dichter, kurzer, schwarzer Behaarung. Augen schwarz behaart. Fuhler schwarz, die beiden ersten Glieder ziemlich dicht schwarz behaart und beborstet. Bart safranroth. Rüssel von mittlerer Länge mit ziemlich entwickelten Saugflachen. Taster schwarz, das zweite Glied sehr lang und schmal. Oberseite des Thorax schwarz, etwas matt, mit sparlicher, nur an den Seiten dichterer schwarzer Behaarung; vor dem schwarzen Schildchen, am Rande, jederseits eine röthlich durchscheinende Stelle. Brustseiten glänzend schwarz, in der Mitte mit schwarzer, an den Rändern mit etwas längerer, dichter, prachtvoller safranrother Behaarung. Hinterleib breit, flach, hinten gerade abgestutzt, fast viereckig, glänzend schwarz, an den Seiten des zweiten Segments bei genauer Betrachtung schwach rothbräunlich durchscheinend, mit zarter schwarzer, nur an den Seitenrändern, besonders den hinteren, dichterer und längerer Behaarung. Der sechste Ring mit safranfarbiger längerer Behaarung, welche auch, obwohl sehr spärlich, an den Seiten des fünften auftritt, Bauch der Oberseite entsprechend. Beine schwarz, schwarz behaart; die Behaarung der Vorderschenkel dichter und langer. Flügel getrübt mit rothbraunen Adern. Wurzel und Vorderrandzelle braun. Erste Hinterrandzelle mit sehr schmaler Oeffnung.

Mus. Senckenb. u. Coll. v. Heyden.

23. Pangonia grisea n. sp. ♀

Nigra, thorace, griseo-villoso; barba grisea; abdomine nitido, margine postico segmentorum fulvescente piloso, oculis pilosis; pedibus nigris; tibiis posticis fuscis, griseopilosis; alis hyalinis; cellula prima postica aperta.

Long. 14 mill. Patria; Chile (Bayrhoffer!)

Stirne und Untergesicht schwarz, grau bestaubt; erstere, sowie die Stelle unter den Fühlern mit dichter schwarzer Behaarung, welche auf dem Scheitel am längsten ist. Bart gelblichgrau, zottig. Augen dicht schwarz behaart. Fühler schwarz, das und zweite Glied lang, abstehend behaart. Russel lang. Taster schwarz, das zweite Glied schwarz behaart, lang. Thorax und Schildchen schwarz mit kürzerer, dichter, gelblichgrauer, an den Seiten und besonders am Hinterrande langerer und an letzteren Orten mit schwarz untermischter Behaarung. Brustseiten schwarz, grau bestaubt, am Seitenrand gelbgrau behaart. Hinterleib glanzend schwarz mit dunner, anliegender schwarzer Behaarung, welche am Seitenrand und besonders nach hinten länger und starker auftritt. Hinterrand der Segmente fuchsröthlich behaart. Bauch schwarz, glänzend; dünn schwarz behaart. Beine schwarz, schwarz behaart; Schienen der Hinterbeine braunlich, mit dichter weissgrauer Behaarung. Flügel glashell mit dunkelbraunen Adern. Erste Hinterrandzelle offen. Mus. Senckenb.

Die Gattung Pangonia vereinigt in Bezug auf Flügelgeader sowohl, wie auf Russel, Korperform etc. etc. so heterogeno Thiere, dass eine kritische Sichtung derselben, sowie eine naturgemasse Gliederung in eine Reihe neuer Gattungen dringend geboten erscheint. Macquart schon bat hierauf aufmerksam gemacht, jedoch zugefugt, dass eine solche Arbeit, der vielen Uebergangsformen wegen, wenn uberhaupt ausfuhrbar, so doch eine ausserst schwierige sein durfte. Wenn auch zweifellos mit grossen Schwierigkeiten verknüpft, ware ich doch geneigt, die Sache als ausfuhrbar zu betrachten; allein eine weitere Hauptschwierigkeit durfte in der zu einer derartigen genauen Arbeit unumganglich nothwendigen

4*

Zusammenbringung des so sehr reichhaltigen und zerstreuten, gesammelten Materials liegen.

Walker erwähnt eine derartige, in den „Diptera Saundersiana" vorgenommene Trennung unter Anführung der Namen, ohne jedoch dieselbe näher zu erörtern oder in seinem Catalog zu benutzen. Ich habe diese Eintheilung eingesehen, kann mir aber kein Urtheil erlauben, da ein solches nur nach gründlichem Studium der ganzen Gattung erfolgen könnte.

24. Tabanus Sufis[1]) n. sp. ♀

Fusco-cinereus Thorace albido bilineato; abdomine trifariam albido maculato; ventre cinereo; oculis nudis, trifasciatis, alis hyalinis, nervis transversalibus fusco limbatis; furca nervi tertii appendiculata.

Long. 9 mill. Patria: Nubia (Rüppel!)

Stirne gelbgrau, gleichfarbig bestäubt, am Scheitel gelblich durchschimmernd, mit zwei braunen, breiten Schwielen, deren untere, oben gezackte, die ganze Breite zwischen den unteren Augenrändern einnimmt, und deren obere, von breit herzförmiger Gestalt etwas über der Stirnmitte befindlich ist. Fühler röthlichbraun, an der Wurzel heller; die Spitze des schwach ausgeschnittenen dritten Fühlergliedes schwarz. Durch die Einfügungsstelle der Fühler zieht sich eine gelbbraune glänzende, gleichbreite schwielige Querstrieme von einem Augenrand zum andern. Augen nackt, röthlich grün mit drei blauen Querbinden (nach dem Aufweichen). Untergesicht silberweiss bestäubt und behaart. Taster gelblich weiss; das erste Glied sehr klein, rund, das zweite ziemlich lang, an der Basis aufgeblasen; beide weiss behaart. Thorax braungrau, spärlich gelblichgrau behaart mit drei gelblichen Langslinien. Bei sehr genauer Betrachtung zeigen sich beiderseits am Rande Spuren einer weiteren Linie. Brustseiten und Hüften silbergrau bestäubt und behaart. Hinterleib länglich, ziemlich gleichbreit, flach, hinten abgerundet, dunkelbräunlich mit spärlicher, kurzer graugelblicher Behaarung, einer graulich bestäubten Rückenlinie und jederseits einer Reihe schiefliegender fast gleichbreiter, dick graugelb bestäubter Seitenflecken, welche am Hinterrande aufsitzen und fast den Vorderrand der Segmente erreichen. Die Hinterränder sind weisslich gerandet und die Seitenflecke auf dem zweiten und dritten Segment stehen auf einer gelblich durch-

---

[1]) Sufis 1. (Cheops), Pharao der 4. Dynastie, 3679—3616 a. J. C. Erbauer der grossen Pyramide.

scheinenden Stelle. Bauch grau bestaubt, weisslich behaart; die Hinterränder der
Segmente ebenfalls weisslich gerandet. Beine braun, alle Schienen und die Metatarsen
der hinteren Beine mit Ausnahme der Spitze gelb. Schwinger weiss. Flügel glashell mit gelben Adern: die Queradern braun. Gabel der dritten Langsader mit rück-
laufigem Aderanhang: die Gabelstelle, sowie die Queradern braun gesäumt.

Mus. Senckenb.

25. Tabanus Psuseanis¹) n. sp. ♂

E cinereo niger; thoraco albido lineato, abdomine seriebus duabus e maculis albis;
oculis nudis, permagnis, toto margine prismatibus minimis cinctis; alis hyalinis, nervis,
fusco-limbatis; furca nervi tertii appendiculata

Long. 15 mill. Patria: Abyssinia (Rüppel).

Augen nackt, sehr gross; die unteren wie die Rand-Facetten sehr klein. Stirn-
dreieck glänzend kastanienbraun. Erstes und zweites Fühlerglied von derselben Farbe,
sparlich weisslich behaart: das dritte fehlt. Untergesicht silberweiss bestäubt und behaart. Erstes Tasterglied sehr klein, bräunlich; das zweite gelblicher, rundlich birn-
formig, beide mit längerer weisser Behaarung. Oberseite des Thorax schwarz, am
Seitenrand dunkel rothbraun, weisslich bestäubt mit drei beim vorliegenden Exemplare
undeutlichen Längsstriemen und kurzer weisser, noch hinten etwas längerer und roth-
brauner Behaarung. Schildchen schwarz am Rande mit dunkel rothbraunen Haaren
besetzt. Brustseiten und Hüften schwarz, silbergrau bestäubt und behaart. Hinterleib
seitlich zusammengedrückt, nach hinten zugespitzt, schwarz, an den Seiten der vorderen
Ringe rothbraun durchscheinend und bläulichweiss bestäubt mit etwas schiefliegenden,
dichter bestäubten Seitenflecken, welche jedoch nur auf dem zweiten, dritten und vierten Segment sehr deutlich sind und weder den Vorder- noch den Hinterrand der Segmente erreichen. Seitenränder weisslich behaart. Hinterränder der Ringe schmal,
jedoch deutlich weisslich gerandet. Bauch bläulichweiss bestäubt und behaart mit weisslichen Hinterrändern der Segmente. Beine braun, die Vorderschienen an der Wurzelhalfte weisslich. Schenkel und Schienen weisslich behaart. Schwinger braun mit
milchweissem Endknopf. Flügel glashell mit braunen Adern, welche zwischen der
Wurzel, der Discoidalzelle und der Gabel der dritten Langsader auf der Vorderhälfte
des Flügels braun gesäumt sind. Gabel der dritten Langsader mit rücklaufendem Aderanhang.

Mus. Senckenb.

---

¹) Psuseanis I, Pharao der 21. Dynastie zu Josephs Zeit, 1742 a. J. C. — ? (nach Brunn v. Sargans).

26. **Chrysops lineatus** n. sp. ♀

Ferrugineus: thorace flavo, fusco trilineato, abdomine quatrilineato; articulo tertio antennarum nigro; alis margine antico, fasciaque fuscis.

Long. 8 mill. Patria: Illinois (Reuss).

Kopf goldgelb bestäubt, der rundliche Ocellenfleck schwarz. Stirn- und Gesichtsschwielen röthlichgelb, stark glänzend. Fühler röthlichgelb, das dritte Glied schwarz, an der Wurzel gelb. Taster rothgelb, das erste Glied klein, schmal cylindrisch, das zweite lang. Thorax mattgelb bestäubt, schwach goldglänzend, auf der Oberseite mit drei glänzenden dunkel rothbraunen Längsstreifen, deren mittlerer, schmalerer, am Vorderrande linienartig beginnt und nach hinten sich langsam verbreitet, ohne jedoch am Hinterrand die Breite der Seitenstreifen zu erreichen. Ein weiterer brauner Streifen geht zu beiden Seiten des Thorax von der Flügelwurzel zum Vorderrand. Die Unterseite des Thorax zeigt eine sehr schmale gelbe Mittellinie, zu deren Seiten zwei breite braune Streifen vom Hinterrand bis an die Trochanteren der Vorderbeine laufen. Eine weitere schmalere Längslinie läuft jederseits zwischen letzteren und dem Flügelstreifen und bricht an der neben den Trochanteren liegenden Beule ab, so dass also im Ganzen neun Streifen vorhanden sind. Schildchen glänzend röthlichgelb. Hinterleib gleichfarbig, schwach glänzend, röthlichgelb behaart mit vier rothbraunen, glänzenden, gleichbreiten Längsstreifen, deren mittlere hinter dem Schildchen beginnen und auf dem fünften Segment vereinigt sind, während die seitlichen auf der hinteren Hälfte des zweiten beginnen und bis zum Hinterrande des fünften laufen. Das sechste und siebente Segment dunkelrothbraun. Die Hinterränder der Segmente sind schmal, gelblich gerandet, und erscheinen die Streifen hierdurch etwas unterbrochen. Bauch gelb mit zwei braunen Randstreifen und auf der Mitte des fünften Segments mit braunen Längsstreifen. Hinterleibsende der Oberseite entsprechend. Beine gelb, die Tarsenendglieder braun. Schwinger gelb mit braunem Knopf. Vorderrand des Flügels, Spitze und eine Querbinde braun.   Mus. Senckenb.

Nemestrinidae.

27. Hirmoneura nemestrinoides n. sp. ♀ Taf. 1. Fig. 6.

Flavescens; thorace abdomineque nigro-vittatis: antennis, pedibusque rufis; proboscide fere magnitudine corporis; alis fuscatis, basi margineque antico castaneis.

Long. 16 mill. Patria: Chile (Bayrhoffer. Cumming).

Diese Species würde wegen des langen Russels scheinbar nicht in diese Gattung gehören; ich habe dieselbe jedoch vorläufig hier untergebracht, da sie alle sonstigen Gattungskennzeichen von Hirmoneura besitzt.

Stirne und Untergesicht grau bestaubt: erstere und die Stelle unter den Fuhlern kurz, dicht rostroth behaart. Augen desgleichen. Bart zottig, gelbroth, aprikosenfarbig. Fühler roth, das erste und zweite Glied gelblich. Oberseite des Thorax gelblich, mit sparlicher gelblicher, an den Rändern längerer und dichterer Behaarung, welche Seidenglanz zeigt und drei sammtartig schwarzbraunen breiten, die Grundfarbe fast verdrängenden Längsstreifen, deren mittlerer am breitesten ist und sich nach hinten etwas verschmalert. Der schmale helle Raum zwischen dem Mittel- und den Seitenstreifen graulich bestaubt. Schildchen gelblich, am Rande mit einem dichten Kranz flach abstehender gelber, seidenglanzender Haare. Die mittlere Ruckenstrieme geht auf das Schildchen uber, bricht jedoch auf der Mitte desselben plotzlich scharf ab, und setzt sich in halber Breite bis zum Hinterrand desselben fort, welcher letztere schmal dunkelrothlich gerandet ist. Bsustseiten grau, dicht, zottig, gelb, seidenglanzend behaart. Die Oberseite des Hinterleibes zeigt die sammtschwarzen Streifen des Thorax; der graulichgelbe Zwischenraum zwischen Mittel- und Seitenstreifen ist jedoch breiter. Der erste Ring ist gelb, seidenglanzend, zottig behaart: die folgenden Segmente sparlicher, kürzer, rothbrännlich: dagegen zeigt die Hinterleibsspitze wieder langere gelbe Behaarung. Bauch roth, grau bestaubt mit rötblicher dunner Behaarung, welche am Seitenrand und an der Spitze langer, dichter und gelb anftritt. Haften grau, mit langerer und dichterer aprikosenfarbiger, bellrother Behaarung. Beine roth mit gleichfarbiger, an den Schenkeln langerer Behaarung. Flugel getrubt, am Vorderrand und an der Wurzel braun; die erste Langsader roth, die ubrigen Adern braun.

Mus. Senckenb. u. Coll. v. Heyden.

— 28 —

28. Hirmoneura Heydenii[1]) n. sp. ♂ Taf. 1 Fig. 7.

E rufo fusca; subtus albo pubescens; oculis pilosis; abdomine basi albo piloso, vittaque dorsali obsoleta; antennis nigricantibus, articulo primo flavido: pedibus testaceis; alis margine antico fuscis.

Long. 15. mill. Patria Australia.

Stirne weisslich; sehr kurz seidenglänzend, weisslich behaart; nach der Spitze hin mit einer schmalen, langen, auf der oberen Hälfte braunrothen Langsschwiele. Untergesicht gelblich durchscheinend, fast nackt. Bart dicht, weiss. Russel lang, schräg ruckwärtsstehend, (ob zufällig?) mit stark entwickelten umgeschlagenen Saugflachen. Taster braunlich, fadenformig, mit braunlichen Härchen besetzt. Augen oben dicht dunkelbraun; nach unten weiss behaart. Am Scheitel ein brauner Haarbüschel, Hinterkopf weisslich behaart. Oberseite des Thorax sammtartig, sepiabraun; auf der vorderen Hälfte und am Seitenrande gleichfarbig kurz behaart; die Behaarung des Hinterrands langer und mit weiss gemischt. Brustseiten grau bestäubt mit dichter etwas zottiger weisser Behaarung. Schildchen rothbraun, schwach glanzend, am Hinterrande ziemlich kurz, braun, unterhalb des Randes etwas langer und weiss behaart. Hinterleib rothbraun matt, mit undeutlicher dunklerer Mittelstrieme; am Seitenrande gewimpert. Diese Bewimperung ist weiss. jedoch an den Hinterecken der Ringe durch braune Behaarung unterbrochen und zwar hauptsächlich am zweiten und dritten Segment, welch letzteres nur an der kleineren vorderen Hälfte weiss gewimpelt erscheint; das erste und der Vorderrand des zweiten Segments, besonders letzterer dicht, zottig, weiss seidenglänzend behaart. Bauch rothlichgrau, weisslich bestäubt und sparsam behaart. Beine gelblichbraun; Schienen und Tarsen dunkler. Schenkel weiss behaart. Flügel am Vorderrande braun, am Hinterrande fast glashell. Schwinger braun.

Coll. v. Heyden.

Bombylidae.

29. Argyromoeba massauensis n. sp. ♀

E cinereo nigra; thorace flavescente hirto; abdomine flavido pubescente, segmentis margine postico argenteo marginatis, segmento secundo et quarto lateribus ma-

---

[1]) Zu Ehren des Herrn Senator von Heyden.

cala pilosa nigra; antennis nigris; pedibus fuscis; alis hyalinis basi margineque antico fuscalis; nervis transversalibus fusco-limbatis; vena tertia basi macula nigra.

Long. 11 mill. Patria: Massaua[1]) (Rüppel).

Kopf grau bestäubt. Stirne ziemlich dicht, kurz schwarz behaart. Zwischenraum zwischen den Fühlern und dem Mundrand auf der oberen Hälfte kahl, grau bestaubt; die untere Hälfte dicht, kurz schwarz behaart. Fühler kurz schwarz; die einzelnen Glieder viel breiter als lang. Thorax und Schildchen schwarzgrau, ziemlich abgerieben, jedoch mit deutlichen Spuren ziemlich dichter gelbbrauner mit schwarz untermischter Behaarung. Die Seiten und der Hinterrand des Thorax, sowie des Schildchens mit längeren schwarzen Borsten besetzt, und zeigen die Hinterränder ausser den letzteren noch kurze dicke weisse Haare. Brustseiten aschgrau, ziemlich dicht grauweiss behaart. Oberseite des Hinterleibs ziemlich dicht, gelblichgrau mit schwarz untermischt. behaart: die Hinterränder der Segmente vom zweiten an mit kurzer, dicker, silberweisser Behaarung besetzt. welche auch an den Seiten des dritten Rings und der letzten Segmente, hier jedoch lang und einen dichten Büschel bildend auftritt. An den Seiten des zweiten Segments steht ein grösserer, an den Seiten des vierten ein kleinerer dichter, schwarzer Haarfleck. Längs des Hinterrandes steht auf jedem Segment eine Reihe längerer schwarzer Borsten. Bauch dicht weisslich behaart: am Seitenrande gelbliche Haare beigemischt. Beine braun. Flügel glashell, an der Wurzel und am Vorderrande etwas getrübt;· die vordere und hintere Querader dunkelbraun gesäumt und steht ein gleichfarbiger Querfleck an der Basis der dritten Langsader. Schwinger braun, Knopf milchweiss. Mus. Senckenb.

30. Anthrax niloticus n. sp. ♂

Ater, flavo hirtus; antennis pedibusque nigris; alis flavescentibus basi margineque antico castaneis.

Long. 11 mill. Patria: Abyssinia (Rüppel).

Kopf schwarz. Scheitel und obere Stirnhälfte schwarz behaart; die untere und das Untergesicht gelb behaart. Fühler schwarz; das erste Glied cylindrisch, das zweite

---

[1]) Massaua, auch Massauh und Massowa, Coralleninsel mit gleichnamiger Stadt im rothen Meer unter türkischer Oberherrschaft, Haupthandelsplatz für Abyssinien.

und dritte rundlich. Oberseite des Thorax, Schildchen und Hinterleib schwarz, mit dichter, abstehender, blassgelber, seidenglänzender Behaarung, welche an den Seiten und dem Vorderrand des Thorax etwas röthlicher gefärbt ist und finden sich an den Seiten der letzten Segmente und am After auch schwarze Haare beigemischt. Brustseiten dunkel aschgrau, die Behaarung spärlicher. Bauch schwarz, ziemlich kahl, die Hinterränder der Segmente mit breiterem, gelblichem Rande. Beine schwarz mit gelblichen Schuppchen. Flugel gelbbräunlich getrubt; Basis, Vorderrand- und vordere Baselzelle hell kastanienbraun.

Mus. Senckenb.

31. Anthrax bipartitus n. sp. ♀

Ater, fulvo hirtus; antennis nigris; pedibus ferrugineis. tarsis apice fuscis; alis margine antico ferrugineis, margine postico apiceque hyalinis.

Long. 11 mill. Patria: Chile (Cumming).

Kopf schwarz, dicht, kurz, niederliegend, gelb behaart; die Stirne uberdies mit kurzer, dichter, abstehender, schwarzer, feinerer Behaarung. Fubler schwarz knopfförmig. Körper schwarz, auf der Oberseite ziemlich dicht mit gelber, an den Seiten längerer und dichterer Behaarung besetzt, welche an den letzten Segmenten des Hinterleibs mit schwarzen, dunnen, längeren Haaren untermischt ist. An den Seiten des funften und sechsten Segments jederseits ein kleiner Buschel schwarzer Haare. Unterseite dicht weisslich behaart. Beine rothgelb, die Schenkel und Schienen durch feine weissliche Behaarung weiss schimmernd. Tarsen gegen die Spitze schwarzlichbraun. Flugel am vorderrand breit rothgelb; Hinterrand und Spitze fast glashell.

Coll. v. Heyden.

32. Anthrax castanea n. sp. ♂ & ♀. Taf. 2. Fig. 15.

Nigra, fulvido-pilosa. Alis hyalinis, fasciis tribus castaneis; cellula, marginali flavida; pedibus rufis; tarsis apice nigris.

Long. 10—14 mill. Patria: Mejico.

Stirne und Untergesicht schwarz, dicht rothlich kastanienbraun behaart. Fühler schwarz. Hinterkopf dicht und kurz rothlichgelb behaart. Thorax dicht mit rothlichgelber und bräunlicher Behaarung bedeckt, welche am Vorderand und an den Seiten langer ist. Die Behaarung ist übrigens an den vorliegenden beiden Stucken nicht ganz intact und stellenweise gänzlich abgerieben und es scheint mir fast, als seien reine Stücke auf dem Thorax gestriemt. Schildchen schwarz, kurz rothgelb behaart. Brustseiten mit gleichfarbiger, längerer Behaarung. Hinterleib ebenfalls dicht röthlich-gelb, an den Seiten dichter und am After schwarz behaart. An den beiden letzten Segmenten zeigen sich Spuren silberglänzender Härchen und sind bei reinen Exemplaren diese Segmente wahrscheinlich durchaus silberglänzend behaart. Flügel glashell mit gelber Randzelle und drei kastanienbraunen Querbinden, deren mittlere vorn und deren hintere an beiden Enden in der Mitte einen rundlichen glashellen Ausschnitt zeigt. Dicht bei der Ausmündung des oberen Gabelastes der dritten Längsader, wie auch an der Ausmündung der die dritte von der vierten Hinterrandzelle trennenden Ader steht je ein kleines braunes punktförmiges Fleckchen. Beine roth, das Ende der Tarsen schwarz.   Mus. Darmst.

33. Anthrax paradoxa n. sp. ♀ Taf. 2 Fig. 16.

Nigra, flavido-hirta; rostro elongato; alis subhyalinis, fusco maculatis, margine antico brunneis, nervo secundo apice bi-appendiculato; pedibus brunneis.

Long. 8 mill. Patria: Mejico.

Stirne schwarz, dicht gelblich behaart. Erstes und zweites Fühlerglied gelb, schwarz behaart; das dritte schwarz, kegelförmig. Untergesicht rothgelb mit gelblicher Behaarung und am Mundrande mit schwarzen Borstchen besetzt. Rüssel verlängert, um die Hälfte länger als das Untergesicht. Körper schwarz, allenthalben ziemlich dicht mit gelblicher Behaarung bedeckt, welche an den Seiten des Thorax wie des ersten und zweiten Segments etwas länger ist. Flügel fast glashell mit braunem Vorderrand und schwärzlichen Fleckchen, welche besonders an den die Discoidalzelle umgebenden Aderverbindungen auftreten: dieselben zeigen sich ausserdem an der letzten Krümmung der zweiten Langsader, an der Gabelstelle der dritten und in der Mitte der ersten Hinterrandzelle. Auffallend ist die stark S förmige Krümmung der zweiten Längsader vor ihrem Ende und befindet sich vor der ersten Biegung ein kleiner Aderanhang nach aussen, vor der zweiten ein solcher nach innen. (An nova genus?)

                                                         Mus. Darmst.

34. **Exoprosopa Kaupii** n. sp. ♂ u. ♀. Taf. 2 Fig. 17.

Nigra scutello rufo; thorace lateribus margineque antico rufo-piloso: abdomine lateribus argenteo-maculato, apice argenteo-fasciato; segmentis primo et secundo lateribus rufo pilosis; pedibus atris: alis fuscis; cellulis quintuor submarginalibus; cellula prima postica clausa.

Long. 12—15 mill. Patria: Mejico.

Stirne und Untergesicht schwarz, kurz schwarz behaart und mit leicht abreiblichen, rothen glänzenden Schüppchen besetzt. Mundrand und Augenrand seitlich und unterhalb der Fühler röthlich wachsgelb. Fühler schwarz, das dritte Glied lang, kegelformig. Thorax schwarz, oben mit kurzer schwarzer, mit rothen Schüppchen untermischter Behaarung, und an den Seiten mit längeren schwarzen Borsthaaren besetzt. Am Vorder- und Seitenrand tritt ausserdem lange und dichte safranrothe glänzende Behaarung auf. Schildchen roth, glänzend, am Vorderrand mit schwarzer Linie und am Hinterrand mit schwarzen abstehenden Haarborsten besetzt. Brustseiten mit längerer schwarzer, nach oben mehr mit roth untermischter Behaarung. Hinterleib schwarz, dicht mit schwarzen Schüppchen besetzt, zwischen welchen rothglänzende, hier und da auch schwarze, lange, anliegende Haare sich bemerkbar machen. Beiderseits am Rande stehen silberne Schuppenflecken und sind die beiden letzten Segmente ganz mit silbernen Schüppchen bedeckt. Der Seitenrand ist mit längerer schwarzer Behaarung besetzt, welche am ersten und zweiten Segment durch rothglänzende ersetzt ist. Beine tiefschwarz, schwarz beborstet. An tadellosen Stucken sind Schenkel und Schienen wahrscheinlich dicht mit rothglanzenden Schüppchen besetzt. Flugel braunschwarz mit 5 Unterrandzellen und geschlossener erster Hinterrandzelle — am Hinterrande meist blasser gefarbt und die Queradern alsdann dunkler gesäumt.

Mus. Darmst.

35. **Exoprosopa anthracoides** n. sp. ♂ & ♀. Taf. 2. Fig. 18.

Nigra, flavido hirta; scutello apice rufo; alis dimidiato fuscanis; venis transversalibus fusco limbatis; cellula prima postica clausa; pedibus nigris.

Long. 12 mill. Patria: Mejico.

Stirne und Untergesicht schwarz mit kurzer anliegender blassgelber und spärlicher, schwarzer abstehender, etwas längerer Behaarung. Fühler schwarz. Thorax schwarz;

oben abgerieben, an den Seiten und am Vorderrand mit langerer bräunlichgelber Behaarung dicht besetzt. Brustseiten gelb behaart. Schildchen schwarz mit rother Spitze,
am Rande mit langen schwarzen Borstenhaaren besetzt. Der Hinterleib ist abgerieben;
es ist jedoch ersichtlich, dass derselbe theilweise mit silberglänzenden Schuppchen
besetzt gewesen ist und zwar das letzte Segment ganz. An den übrigen Segmenten
zeigen sich Spuren an den Seiten und am zweiten auch in der Mitte. Seitenrand an
der Basis dicht gelb behaart; nach hinten mit kürzeren schwarzen Haaren besetzt.
Flügel längs des Hinterrandes fast glashell; auf der kleineren Hälfte längs des Vorderrandes braun. Queradern braun gesäumt. Erste Hinterrandzelle geschlossen. Beine
schwarz; Schenkel und Schienen gelb beschuppt.

Mus. Darmst.

36. Exoprosopa rostrifera n. sp. ♂ u. ♀. Taf. 2 Fig. 19.

Rostro perelongato, Nigra; flavido hirta; scutello rufo, basi nigro, abdomine segmento secundo margine antico fascia albida; apice argenteo; alis dimidiato fuscanis;
pedibus rufis; tarsis apice nigris.

Long. 12 mill. Patria: Mejico.

Stirne und Untergesicht schwarz mit abstehenden schwarzen Härchen und messing-
gelben Schuppchen ziemlich dicht besetzt. Mundrand gelb. Fühler schwarz. Rüssel
weit vorgestreckt, von fast mehr als doppelter Kopflänge. Thorax und Schildchen wie
bei voriger Art; die rothe Färbung des letzteren jedoch etwas ausgebreiteter. Hinterleib schwarz, mit schwarz und gelber schüppchenartiger Behaarung dicht besetzt,
deren letztere nach den Seiten hin vorherrschend ist. Letztes Segment, sowie eine
breite Binde am Vorderrande des zweiten weiss beschuppt; das letzte Segment silberglänzend. Seitenrand schwarz-, an den letzten Segmenten weiss behaart. Bauch mit
gelblichen Schuppchen und längeren gleichfarbigen Haaren ziemlich dicht besetzt. Beine
roth; die Endglieder der Tarsen schwarz. Flügel auf der hinteren Hälfte glashell,
auf der vorderen braun. Untere Querader braun gesäumt. Erste Hinterrandzelle offen.

Mus. Darmst.

37. Exoprosopa Blanchardiana n. sp. ♂ u. ♀. Taf. 2 Fig. 20.

Atra; alis dimidiato profunde sinuato-nigris; pedibus flavidis; tarsis apice nigris.
Long. 9 mill. Patria: Mejico.

Kopf schwarz, ziemlich dicht schwarz behaart und mit gelben Schuppchen besetzt. Fühler schwarz. Thorax und Hinterleib sind arg abgerieben. Am Vorder- und Seitenrand des ersteren sind noch lange, gelbe Haare vorhanden, welche an den Seiten stark mit schwarzen gemischt sind. An den Seiten des Hinterleibs stehen an den zwei ersten Segmenten längere, weisse Haare; weiter hin folgen schwarze. Auf der Oberseite sind ebenfalls Spuren längerer weisser Haare, wie auch schwarzer, sichtbar. Bauch ziemlich dicht rothlichgelb behaart. Beine gelblich: die Endglieder der Tarsen schwarz. Flügelzeichnung fast wie bei unserer Anthrax maura, mit welcher sie die grösste Aehnlichkeit hat; nur ist die schwarzbraune Farbung gleichmäsiger und nicht so auffallend durch Fleckchen unterbrochen, wie bei maura, obgleich auch hier die Queradern heller eingefast sind. Erste Hinterrandzelle offen.

Mus. Darmst.

38. **Exoprosopa puchlensis** n. sp. ♂ & ♀. Taf 2. Fig. 21.

Nigra, thorace brunneo–hirto, trivittato, lateribus rufo piloso; scutello rufo; abdomine lateribus argenteo maculato; segmentis-secundo, sexto et septimo argenteo-fasciatis. Alis brunneo-vittatis.

Long. 12—15 mill. Patria: Mejico.

Stirne und Untergesicht wie die beiden ersten Fühlerglieder roth, kurz schwarz behaart. Mundrand gelb. Drittes Fühlerglied schwarz. Hinterkopf gelblich seidenglänzend behaart. Oberseite des Thorax mit sehr kurzer dunkelbrauner Behaarung bedeckt mit drei durch etwas hellere und stellenweisse weisslich schimmernde Behaarung gebildeten schmalen Langsstriemen. Die längere rothgelbe Behaarung an den Seiten und am Vorderrande ist nach oben mit einem dünnen Streifen schwarzer Haare eingefasst. Auch auf den Brustseiten machen sich ausser den rothgelben, zahlreiche schwarze Haare bemerklich. Schildchen roth mit schmalem schwarzem Vorderrande, am Hinterrand mit langen schwarzen Borsten und auf der Oberseite mit sehr kurzen röthlichen und schwarzen Härchen ziemlich dicht besetzt. Der Hinterleib zeigt am Vorderrande des zweiten Segments eine silberglänzende Schuppenbinde, wie auch das sechste und siebente Segment, sowie ein Fleck an den Seiten aller übrigen Segmente mit solchen Schuppen bedeckt sind. Der Seitenrand zeigt nächst der Basis jederseits ein Büschel blassgelber Haare, welchen nach hinten schwarze folgen. Sonst ist die Oberseite des Hinterleibs vorherrschend schwarz behaart und beschuppt; jedoch zeigen die Hinterränder des zweiten bis fünften Segments eine schmale braungelbe Schuppchenbinde. Bauch ziemlich dicht mit längerer blassgelber Behaarung bedeckt, durch welche hindurch sich in der Mittellinie, an den Vorderrändern der Segmente Streifen und Silberschuppchen bemerklich machen. Beine roth, die Endglieder der Tarsen schwarz. Flügel glashell mit drei schwarzbraunen, am röthlichen Vorderrand zusammenhängenden Binden.   Mus. Darmst.

39. Exoprosopa Busiris[1] n. sp. ♀

Nigra; thorace ferrugineo, subtus nigro piloso; scutello brunneo, basi nigro; abdomine fasciato, lateribus nigro piloso; autennis pedibusque atris, basi marginoque antico brunneis; vena quinta venisque transversalibus brunneo-limbatis.

Long. 14 mill. Patria: Simen (Ruppel).

Stirne schwarz, schwarz behaart; die Stelle über den Fühlern und das Untergesicht rothgelb behaart; Fühler schwarz, das zweite Glied knopfförmig, das dritte lang, sehr schmal und spitz. Thorax schwarz, mit dichter rothgelber abstehender, mit schwarz untermischter Behaarung; die Seiten und der Hinterrand mit schwarzen Borsten besetzt. Unter den Hinterecken jederseits ein gelbrother dichter Haarfleck. Brustseiten schwarz, spärlich schwarz behaart. Schildchen braungelb durchscheinend, am Vorderrand schwarz, rothgelb behaart und an den Rändern schwarz beborstet. Hinterleib schwarz, schwarz behaart; der erste Ring an den Seiten mit langer, dichter, gelber Behaarung; der zweite Ring auf der vorderen Hälfte mit einer Binde dichter, anliegender, schmutzig gelblichweisser Haare. Auf den folgenden Ringen lassen die Binden nur einen schmalen Vorderrand frei, und bestehen dieselben aus rothgelben Haaren, welche jedoch nach den Seiten hin in weissliche Töne übergehen. Die beiden letzten Ringe zeigen ganz weisse Binden. Am Seitenrand des zweiten Segments stehen noch einige längere gelbe Haare; vom dritten aber bis zum Ende des Hinterleibs treten hier schwarze Haare auf. Bauch schwarz, schwarz behaart mit eingestreuten, längeren, rothgelben Haaren. Beine schwarz. Hintere Hälfte der Flügel glashell; Basis und Vorderrand breit schwarzbraun, nach der Spitze hin erblassend; letztere fast hell. Queradern, sowie die fünfte Langsader braun gesäumt; die Säumung letzterer, sowie der hinteren Querader besonders intensiv.

[1] Bemerk II. Pharao der 11. Dynastie 4380 a. J. C. Erbauer von Theben.

Bei einem sonst ganz übereinstimmenden Exemplar sind alle Adern stark gesäumt. Mus. Senckenb.

40. Exoprosopa chrysolampis n. sp. ♀ Taf. 1. Fig. 8.

Nigra; thorace margine antico lateribusque fulvido-piloso; abdomine fascia maculisque quatuor argenteis, ventre basi macula fulva; antennarum articulo primo rufo; aliis brunneis, purpureo-micantibus. Long. 16 mill. Patria: Java (Fritz), Moluccas (Rosenberg). Nahe verwandt mit E. Tantalus fabr.

Stirne schwarz, am Scheitel olivenbraun schimmernd, auf der unteren Hälfte mit dichter, kurzer, schwarzer Behaarung, welche gegen den Scheitel hin sehr dünn wird. Untergesicht schwarz mit gleichfarbiger mit gelben glänzenden Härchen untermischter Behaarung. Von den Seiten der Fühler nach dem Augenrande abwärts eine glatte braune Falte. Mundrand gleichfarbig. Augen braunroth mit Goldglanz. Erstes Fühlerglied roth, dicht schwarz behaart; das zweite Glied kurz, schwarz; das dritte schwarz, lang und mit zweigliedrigem Endgriffel. Hinterkopf mit glänzend goldgelber, kurzer Behaarung. Thorax schwarz, oben abgerieben, am Vorder- und Seitenrande dicht mit röthlichgelber längerer Behaarung besetzt, welche nach hinten und am Hinterrande spärlicher auftritt. An der Grenze der gelben Behaarung nach der Oberseite des Thorax hin finden sich auch schwarze Haare und stehen dieselben an beiden mir vorliegenden Stücken besonders gegen die Vorderecken hin ziemlich dicht. Wahrscheinlich ist bei frischen Stücken die ganze Oberseite des Thorax glanzend schwarz behaart. Gegen die Hinterecken jederseits ein langer dünner schwarzer Haarpinsel. Schildchen rothlichbraun, an der Wurzel schwarz; am Rande gelb behaart und auf der Oberseite mit Spuren schwarzer Behaarung. Hinterleib schwarz schuppenartig behaart, am Seitenrande mit längerer Behaarung und am ersten Segment jederseits mit einem dichten, gelben Haarbuschel; am Vorderrand des dritten Segments eine aus silberweissen Schüppchen gebildete, in der Mitte verschmalerte Binde, und am sechsten und siebenten Segment jederseits der Mitte am Vorderrande mit einem ebensolchen kleinen Fleck. Bauch schwarz, schwarz behaart, in der Mitte mit einer vom ersten bis zum fünften Segment reichenden ziemlich breiten aus röthlich gelben Haaren gebildeten Strieme. Beine schwarz, schwarz behaart. Flügel goldbraun, stark purpurroth schimmernd. Vier Unterrandzellen.

Coll. v. Heyden u. Mus. Darmst.

41. Exoprosopa Leuconoe n. sp. ♀

Nigra, thorace margine antico lateribusque fulvido piloso, abdomine fuscin maculisque quatuor argenteis: segmento secundo margine antico linea fulvida; ventre basimacula albida; alis fuscentis basi margineque antico nigro-fuscis.

Long. 16 mill. Patria: Malaccas (Rosenberg).

Diese Art ist, abgesehen von der Flügelfärbung, der vorigen Art äusserst ähnlich, unterscheidet sich jedoch wie folgt:

1) Das erste Fühlerglied ist fast schwarz.

2) Das Schildchen ist gleichmassig dunkelrothbraun.

3) Der Hinterleib zeigt an dem Vorderrande des zweiten Segments eine linienförmige aus gelblichen Härchen gebildete Binde.

4) Am Bauche befindet sich eine bis zum vierten Segment reichende breitere und nach hinten an Breite zunehmende weisse Haarstrieme.

5) Die Flügel sind graubräunlich getrübt, die Basis und der Vorderrand intensiv schwarzbraun.

Mus. Darmst.

42. Comptosia rufoscutellata n. sp. ♂ Taf. 1. Fig. 9.

Fusca, subtus rosea; thorace rufo marginato, obsolete vittato, linea longitudinali media grisea; scutello fusco-rufo; abdomine nigricante, incisuris fusco-rufis; pedibus rufis; alis fuscis, basi margineque antico rufis; venis rufis.

Long. 22 mill. Patria: Australia.

Stirne röthlich, grau bestaubt und schwarz behaart; über den Fühlern eine eingedrückte ⌐ formige rothe Zeichnung, innerhalb welcher die schwarzen Härchen mit gelben gemischt sind. Untergesicht gelb mit dichter gelber Behaarung. Rüssel roth, Taster gelb, fein röthlich gelb behaart. Erstes und zweites Fühlerglied unten rothgelb, oben durch dichte und graue Bestaubung röthlichgrau erscheinend; oben mit kurzer schwarzer, unten mit längerer, dichterer, rothgelber Behaarung; das dritte Glied schwärzlich. Thorax schwärzlich, röthlichgrau schimmernd, matt, mit kurzer, schwarzer, an den Rändern stark mit weiss untermischter Behaarung. Derselbe zeigt undeutliche Längsstriemen und nur in der Mitte eine graue, schmale, deutliche Linie. Schulterbeulen stark abgesetzt und wie der Seitenrand und das grosse breite Schildchen corinth-

6

roth. Letzteres ist sparsam schwarz behaart und am graubestaubten Rande von einem Kranze schwarzer Borsten umgeben. Brustseiten fast rosenroth, grau bestaubt und weisslich behaart. Hinterleib schwarzbraun, grau schimmernd mit breiten braunen, corinthrothen Einschnitten und mit kurzer, schwarzer, anliegender, an der Basis mit abstehenden weissen Haaren untermischter Behaarung. Bauch in der Farbung und Behaarung den Brustseiten entsprechend. Beine roth, kurz röthlich behaart und reihenweise mit schwarzen Dörnchen besetzt. Flügel rothbraun mit braunen Adern. Wurzel und Vorderrandzelle roth. Drei Unterrandzellen.

Coll. v. Heyden.

43. Adelidea flava n. sp. ♂

Atra, aureo-hirta: pedibus flavis, tarsis apice fuscis; alis hyalinis margine antico flavis.

Long. 7 mill. Patria: Mejico.

Schwarz; der ganze Körper dicht mit längerer hellgoldgelber Behaarung bedeckt. Fuhler schwarz (das dritte Glied fehlt), ebenfalls dicht behaart. Beine gelb, die Endglieder der Torsen schwärzlich. Flügel am Vorderrande schmal gelb und nach Aussen mit schwarzen kurzen Dornchen besetzt.

Mus. Darmst.

44. Bombylius Loewii n. sp. ♀

Niger, rufo pilosus; scutello rufescente, basi nigra: abdomine villa dorsali pilis minoribus argenteis; antennis nigris, pedibus rufis; alis fuscatis, venis castaneis.

Long. 16 mill. Patria: Australia (Kirchner!)

Kopf und Stirne sehr breit; Ersterer breiter als der Thorax. Letztere und das Untergesicht mit kürzerer, dichterer, rothgelber und längerer schwarzer Behaarung, welche eine Langsstrieme auf der Mitte der Stirne frei lässt und auf dem Untergesicht die obere Hälfte des Mundrandes umgiebt; der untere Theil lang weisslich behaart. Taster, lang und dunn, walzig, gelb und lang behaart. Fuhler schwarz, das dritte Glied sehr lang, fast spindelförmig. Rückenschild schwarz mit filzartiger, an den Seiten längerer gelbrother Behaarung. Schildchen röthlich, an der Wurzel schwarz: zottig, rothgelb behaart, welche Behaarung am Rande mit einigen schwarzen Haaren untermischt ist. Brustseiten grau mit langer, am Rande gelbrother, nach unten schwefelgelber und weisslicher Behaarung. Bauch und Hinterleib sehr dicht und lang behaart; die Behaarung einen dicken, jedoch spitzen Pinsel bildend. In der Mitte und nächst der Basis des Bauches ist die Farbe der Behaarung eine schwefelgelbe, seidenglänzende, welche Farbe in Orange und dann an den Seiten der Oberseite in einen fuchsrothen Ton übergeht, in welchen sich sodann, bis zur Mitte sich steigernd, schwarze Haare beimengen. In der Mitte des Hinterleibs zeigt sich eine aus sehr kurzen gelblich-weissen, silberglänzenden Härchen gebildete Längsstrieme. Beine roth, gleichfarbig beborstet, die Schenkel mehr gelblich. Flügel geschwärzt, die Adern braun. Vorder-randzelle und Flügelwurzel gelbbräunlich.

Mus. Senckenb.

45. Bombylius Neithokris[*] n. sp. ♀

Olivaceus, flavo hirtus; pedibus ferrugineis, tarsis apice fuscis; alis fuscentis, basi margineque antico obscurioribus.

Long. 9 mill. Patria: Abyssinia (Rüppel).

Stirne mit kürzerer, dichterer, gelber und abstehender längerer schwarzer Behaa-rung. Untergesicht unter den Fühlern gelb, am Mundrande lang schwarz behaart. Bart blassgelb. Fühler schwarz; das erste Glied ziemlich dicht und lang gelb behaart. Thorax und Schildchen olivenfarbig mit dichter, gelber, mit schwarz untermischter Behaarung. Vor der Flügelwurzel jederseits mehrere rothe Stachelborsten. Brustseiten gelblichweiss behaart; die Behaarung der Beule vor der Flügelwurzel mit zahlreichen schwarzen Haaren gemischt. Hinterleib dicht gelb behaart; die Behaarung an den Seiten borstenartig abstehend und am Hinterrand der Segmente mit schwarzen Haar-büscheln untermischt. Bauch dicht gelb behaart. Beine rothlichgelb, schwarz beborstet; die Tarsen gegen die Spitze hin gelbbräunlich. Flügel an der Wurzel und am Vor-derrande rothbraun; diese Färbung nach hinten verwaschen, so dass die Spitze und der Hinterrand fast glashell erscheinen. Kleine Querader diesseits der Mitte der Dis-coidalzelle. Mus. Senckenb.

---

[*] Neithokris, Pharaonin (einzige) der 6. Dynastie 4985 a. J. C.

46. Systoechus pausarius n. sp. ♂

Ater, flavido birtus, abdomine apice nigro pennicillato; hypostomate albo piloso; antennis nigris; pedibus piceis, femoribus nigris; alis subhyalinis, basi margineque antico fuscatis.

Long. 8 mill. Patria: Australia (Kirchner).

Stirne und Untergesicht sehr dicht silberweiss behaart; in der Spitze des Stirndreiecks einige röthlichbraune, und auf dem Scheitel ein Büschel schwarzer Haare. Fühler schwarz. Thorax und Schildchen sammtschwarz mit ziemlich dichter, am Seiten- und Hinterrande langerer, gelblicher, seidenglanzender Behaarung. Brustseiten grau bestaubt, an den Seiten gelb, unten mehr weisslich behaart. Hinterleib schwarz, ziemlich dicht gelb behaart, diese Behaarung am Seitenrande sehr lang. Mit dem fünften Segment treten lange, schwarze Haare auf, welche an der Spitze jederseits einen starken Büschel bilden und hinten gerade abgestutzt sind. Die beiden Büschel beruhren sich ubrigens in der Mitte beinahe und ist der dazwischen liegende Raum mit gelblichen Haaren ausgefüllt. Das ganze Ansehen des Hinterleibs erinnert lebhaft an Macroglossa stellatarum. Die Bauchseite entspricht der oberen, nur ist die Behaarung auf der Mitte eine mehr weissliche. Schwinger gelb. Beine pechbraun, die Schienen gedornt; Schenkel schwarz, weiss behaart. Flügel fast glashell, an der Wurzel und am Vorderrand braun. Mus. Senckenb.

47. Ostentator nov. gen. Taf. 1. Fig. 10.

Diese Gattung gehört in die Nähe von Bombylius und Dischistus. Sie ist besonders auffallend durch ihre langen und schmalen Flügel und die ungewöhnliche Lange der vorderen Basalzelle.

Kopf halbrund, gerade vorstehend und wenig breiter als der Thorax. Untergesicht kurz. Mundöffnung ziemlich gross. Russel horizontal und weit vorstehend mit schmalen Saugflachen. Taster kurz, dunn. Fühler vorstehend, an der Basis genahert; erstes Glied langer als das zweite; das dritte Glied verlangert, pfriemenformig mit kurzem Endgriffel. Augen oval, die des ♂ zusammenstossend. Drei Punktaugen vorhanden. Ruckenschild fast viereckig, sanft gewolbt, nach vorn etwas verschmalert. Schildchen breit. Hinterleib kurz, verkehrt eiformig, flach siebenringlich. Beine dunn,

beborstel; die Hinterbeine sehr verlangert. Flügel lang und schmal; die dritte Langsader gegabelt; vordere Basalzelle fast doppelt so lang als die hintere; kleine Querader gerade; jenseits der Mitte der Discoidalzelle. Letztere lang und schmal, drei
Adern zum Rande sendend. Vier Hinterrandzellen, die erste offen. Analzelle offen.

48. Ostentator punctipennis n. sp. ♂ Taf. 1. Fig. 10.

Niger; thorace atro, bivittato, albo marginato, scutello atro; abdomine glabro,
linea dorsali albida; segmento secundo; fuscia aterrima; pedibus ferrugineis, femoribus
supra nigris; alis hyalinis, fusco punctatis; basi margineque fuscis.

Long. 7 mill. Patria: Chile (Bayrhoffer).

Stirne und Untergesicht dicht silbergrau bestaubt. Erstere kahl. Scheitel schwarz-
haarig, letzteres mit schwarzer abstehender, am Mundrande mit röthlicher Behaarung.
Bart weiss. Fühler schwarz; das erste und zweite Glied weisslich bestaubt; das erste
überdies mit ziemlich langen schwarzen Härchen besetzt. Thorax auf der Oberseite
sammtschwarz, mit langerer, ziemlich dichter, aber feiner schwärzlicher Behaarung,
und weissbestäubtem, an den Seiten breiterem, am Hinterrande schmalerem Rand und
bildet die schwarze Flache ein hinten gerade abgestutztes Oval. Ueber die Mitte
ziehen zwei etwas undeutliche, hellere, nur durch eine schmale Linie von einander
getrennte Langsstriemen, welche leicht zu übersehen sind. Vor der Flugelwurzel stehen
beiderseits im weissen Rande einige langere, rothe Haarborsten. Schildchen sammtschwarz, am Rande mit langen schwarzen Haaren besetzt. Brustseiten gelblichgrau
bestaubt, fein blassgelblich behaart; die Beule vor der Flugelwurzel schwarzlich behaart. Hinterleib schwarzlich graubraun, unbehaart mit einer weisslichen, schmalen,
nach hinten sich etwas verbreiternden Langslinie. Erstes Segment weisslich bereift
und ziemlich dicht weisslich behaart. Das zweite, am Vorderrand ebenfalls weisslich
bestaubte, zeigt auf der grosseren hinteren Halfte eine durch die weissliche Mittellinie
nur schwach unterbrochene sammtschwarze, sehr auffallende Binde. Die Hinterrander
der Segmente zeigen Spuren einer kurzen silberweissen Bewimperung; der umge-
schlagene Seitenrand ist rothlichgrau gefärbt und zeigt ebenfalls Spuren kurzer, weisser Behaarung. Bauch rothlichgrau, gegen die Spitze mit langeren, schwarzlichen
Haaren besetzt. Genitalapparat nach unten etwas vorstehend, rothlich, klappenförmig.
Schwinger rothbraun, der Endknopf dunkler. Beine rothlichgelb, schwarzborstig; die

Schenkel auf der oberen Hälfte schwarz. Flugel glashell, braun gefleckt, mit brauner Wurzel und gleichfarbigem Vorderrand. Die etwas dunkleren, punktähnlichen Flecken sind in der Form etwas unregelmässig und fliessen bei manchen Stücken theilsweise zusammen. Der grossere Fleck steht an der Gabel der dritten Längsader und verbreitet sich bis zur zweiten; zwischen diesem und der Spitze stehen kurz vor der Einmündung der zweiten und der oberen Gabel der dritten Längsader auf jeder dieser Adern ein kleinerer Fleck und die übrigen finden sich an der Basis und Spitze der Discoidalzelle, sowie an der kleinen Querader und der Basis der dritten Hinterrandzelle, so dass gewöhnlich sieben Flecken vorhanden sind. Bei einem Exemplare zeigt sich ein weiterer Fleck auf der Ader, welche die erste von der zweiten Hinterrandzelle trennt, und zwar nächst dem Flugelrande.

Mus. Senckenb. u. Coll. v. Heyden.

49. **Cillenia unicolor** n. sp.

Ex fusco-cinerea, flavido-pilosa; antennis nigris; pedibus testaceis; alis fuscentis, basi margineque antico brunneis.

Long. 5 mill. Patria: Chile (Bayrhoffer).

Stirne grau mit dichter gelblichweisser, anliegender Behaarung; am Scheitel mit einem dünnen Büschel längerer Haare. Untergesicht grau, ziemlich lang und dicht, gelb behaart. Taster schwarz, etwas vorstehend, sehr dünn, an der Spitze etwas verdickt. Fühler schwarz; das erste Glied mit ziemlich dichter und langer gelblicher Behaarung; das dritte Glied ebenfalls behaart, jedoch feiner, kurzer und sparsamer. Hinterkopf mit einem dichten Kranze gelblicher Haare. Thorax, Schildchen und Hinterleib bräunlich aschgrau mit ziemlich dichter, braunlichgelber Behaarung bedeckt. Brustseiten und Bauch mehr braun und besonders der letztere sehr sparlich behaart. Schwinger braun mit weissem Endknopf. Beine gelbbraun. Flugel getrubt; die Basis und der Vorderrand bräunlich; die Adern dunkelbraun.

Mus. Senckenb.

50. **Poecilognathus** n. g. Taf. 1. Fig. 11.

Diese Gattung vereinigt das Flugelgeäder von Thlipsomyza Mcq. mit den langen Tastern von Megapalpus Mcq., unterscheidet sich jedoch von beiden Gattungen auf den ersten Blick durch das schnauzenförmig vorgezogene Untergesicht und den Rüssel von der Länge des Korpers. Die beiden ersten Fühlerglieder sind kurz, knopfförmig; das dritte ist spindelförmig und nahe dreimal so lang, als die beiden ersten zusammen.

51. **Poeciloguathus thlipsomyzoides** n. sp. ♂ Taf. 1. Fig. 11.

Thorace nigro, trifasciato, flavido marginato, scutello flavido, abdomine flavo, maculis dorsalibus nigris; alis maculatis: cellula postica prima abierta.

Long. 5 mill. Patria: Mejico.

Stirne schwarz, glänzend, bräunlich behaart, durch eine gelbe bis zur Einfugungsstelle der Fühler gehende Linie vom Untergesicht getrennt. Letzteres glänzend schwarz mit gelbem Augenrand und in der Mitte mit einem vom Augenrande ausgehenden Querstrich. Unter den Backen ist das Untergesicht gelb und mit längerer, dünner, bräunlicher Behaarung besetzt. Fühler gelb; das dritte Glied schwarz. Taster schwarz. Hinterer Augenrand auf der oberen Hälfte schwarz, auf der unteren gelb. Oberseite des Thorax schwarz, dünn schwarzbraun behaart mit schmalem blassgelbem Seitenrande und deutlichen Spuren dreier gelblich oder weiss bestaubter Längsstriemen, deren mittlere schmäler ist. Schildchen matt citronengelb, bräunlich behaart. Brustseiten glänzend schwarz mit gelber Längsstrieme in der Mitte, dünn schwarzbraun behaart. Hüften schwarz. Schwinger gelb mit braunem Knopf. Hinterleib röthlichgelb mit einer aus schwarzen Flecken gebildeten Mittellinie. Diese Flecken liegen am Vorderrand der Segmente und nehmen nach hinten in Länge und Breite zu. Die umgeschlagenen Seitenränder sind ebenfalls schwarz und ist die Oberseite des Hinterleibs sparlich mit längeren dünnen bräunlichen Haaren besetzt. Bauch gelb mit durchgehender schwarzer Mittellinie. Beine gelb mit schwärzlichen Tarsen und schwarzen Knieen der Hinterbeine. Flügel am Rande gebraunt (am Hinterrande schwächer) und mit braunen Flecken an den Queradern und Gabelstellen. Gender ähnlich wie bei Thlipsomyza castanea Mcq. Mus. Darmst.

Acroceridae.

52. **Lasia cyaniventris** n. sp. ♂

Aeneu micans, flavescente pilosa; ventre cyaneo micante; antennis nigris; pedibus rufis femoribus basi fuscis.

Long. 11 mill. Patria: Chile (Bayrhoffer).

Stirne und Untergesicht schwarz, glatt, glanzend. Scheitel erzgrun. Rüssel langer als der Körper, schwarz, an der Wurzel stahlblau. Fuhler mattschwarz. Augen dicht gelblich behaart. Hinterseite des Kopfes grün, ebenfalls dicht gelb behaart. Oberseite des Körpers erzgrün, glanzend, mit dichter, abstehender, seidenglanzender gelblicher Behaarung bedeckt. Hinterleib auf der Mitte und nach hinten kupferschimmernd: die Behaarung desselben, besonders auf den hinteren Segmenten mehr niederliegend. Brustseiten grün, glanzend, auf der Mitte blau, spärlich gelblich behaart. Schwinger klein, gelb mit dunklem Knopf. Bauch glanzend blau, violettschimmernd, sehr sparsam gelblich behaart, fast nackt. Huften blaugrun. Beine roth, die Schenkel an der Wurzel braun. Flugel glashell; die Adern an der Basis und um Vorderrande rothgelb, die hinteren braun.   Mus. Senckenb.

Therevidae.

53. Thereva Schineri n. sp. ♀

Fusca; thorace trivittato; abdomine albo-sericeo piloso, lateribus ochraceo; ventre ochraceo; antennis nigris; pedibus rufis; alis fuscatis, stigmate fusco.

Long. 10 mill. Patria: Chile (Bayrhoffer).

Stirne braun, über den Fuhlern schwarz behaart und mit einigen längeren schwarzen Härchen auf dem Scheitel. Untergesicht grau bestaubt, sparsam und dünn weisslich behaart. Fohler schwarz, das erste Glied mit längeren, das zweite mit kurzen Borstchen besetzt. Taster gelb, fein weisslich behaart. Hinterkopf grau, reihenweise mit schwarzen Borstchen besetzt. Thorax und Schildchen rothlichbraun; ersterer mit drei weisslichen Langsstriemen, deren seitliche auf der hinteren Hälfte mit fünf langen Haarborsten besetzt sind. Seiten- und Hinterrand des Thorax mit schwarzen Haarborsten besetzt, ebenso das Schildchen. Brustseiten und Huften aschgrau; erstere sparsam weisslich behaart; letztere mit gelblichen Haarborsten besetzt. Hinterleib weisslich bestaubt, seidenartig behaart mit ocherröthlichem Seitenrand und eingestreuten, am Rande zahlreicheren, rotblichbraunen, längeren Borstchen. Bauch ocherrothlich, sparsam schwärzlich behaart. Beine roth; die Hinterschenkel vor der Spitze mit schwarzer Borste. Schienen schwarz beborstet. Schwinger braun. Flügel braunlich; ziemlich einfarbig, das Randmal dunkler. Randzelle von ihrem Ursprung bis zum Randmal fast glashell.   Mus. Senckenb.

54. Thereva maculicornis n. sp. ♂

Thorace fusco, bivittato, scutello griseo, macula dorsali fusca; abdomine griseo, sericeo-piloso; antennis ferrugineis; articulo secundo, apiceque tertii fusco; pedibus testaceis, femoribus supra fuscis; alis fuscalis, maculatis.

Long. 9 mill. Patria: Chile (Bayrhoffer).

Stirne und Untergesicht dicht grau bestaubt; letzteres mit feiner weisslicher Behaarung. Taster gelb. Erstes Fuhlerglied gelb, mit ziemlich dichten und langen, schwarzen Borsten besetzt; das zweite Glied dunkelbraun mit kurzen Börstchen; das dritte rothgelb. Spitze und Endgriffel dunkelbraun. Hinterkopf gelbgrau bestaubt mit einem Kranze nach vorn gebogener Barstenhaare. Thorax auf der Oberseite braun, kurz schwnrzlich behaart mit zwei schieferblauen Langsstreifen; Seiten und Hinterrand mit grossen schwarzen Stachelborsten besetzt. Brustseiten grau bestaubt (die Behaarung abgerieben). Schildchen grau bestaubt, in der Mitte mit braunem Langsfleck; am Hinterrand zu beiden Seiten eine lange, schwarze Haarborste. Hinterleib grau, seidenartig weisslich behaart; After gelb. Bauch rothbräunlich, grau bestaubt. Schwinger braunlich. Beine gelblich; die Schenkel der hinteren Beine oben braun; die der Hinterbeine vor der Spitze mit schwarzer Stachelborste. Schienen schwarzborstig. Schwinger braunlich. Flugel braunlich getrubt, langs des Randes etwas dunkler; eine weitere dunklere Farbung zieht sich von der vorderen Queroder, der Discoidalzelle entlang bis zur vierten Hinterrandzelle; die hintere Queroder ebenfalls in einem dunkleren Flecken, so dass durch diese Anordnung die Flugel ein fleckiges Aussehen erhalten. Basis derselben gelblich.

Mus. Senckenb.

Mydasidae.

55. Mydas gracilis n. sp. ♂ Taf. 1. Fig. 12.

Niger, thorace trivittato, ferrugineo-marginato; scutello ferrugineo, abdomine maculis lateralibus flavidis pellucidis; pedibus nigro flavoque signatis, alis fuscalis, violaceis.

Long. 11 mill. Patria: Australia.

Sehr ahnlich der M. clavata Mcq. Stirne und Untergesicht schwarz, glänzend: letzteres mit dichtem, seidenglanzendem, weisslichem Bart. Russel ziemlich lang mit breiten Saugflachen. Taster schwarz. Fuhler schwarz; das vierte Glied flach, ruderformig, langer als bei oben erwähnter Art. Thorax schwarz, glänzend mit drei abgeriebenen Striemen und rothgelben Seiten und Hinterrändern. Schulterbeulen stark vortretend, rostgelb; ebenso die am Hinterrand des Thorax jederseits vor dem Schildchen liegende Beule. Brustseiten glänzend schwarz. Schildchen rostgelb. Hinterrucken glänzend schwarz, jederseits mit einem gelben Fleck. Schwinger weiss. Hinterleib am Ende kolbig und zu beiden Seiten der Genitalien mit einem fadenförmigen Anhangsel. Hinterleib sonst schwarz glänzend mit gelblichen Seitenflecken von derselben Anordnung und Form, wie bei M. clavata, mit dem Unterschied jedoch, dass die schwarze Mittellinie etwas entschiedener auftritt. Bauch ebenso wie bei obiger Art. Beine in Form und Färbung dessgleichen, nur sind die Vorder- und Mittelschienen aussen gelb und innen schwärzlich, während bei M. clavata das umgekehrte Verhältniss stattfindet (möglicherweise auch ein Versehen von Seiten Macquarts, oder ein Druckfehler). Flügel röthlichbraun, violettschimmernd. Rand- und vordere Unterrandzelle geschlossen und gestielt.

Coll. v. Heyden.

Mydas incisus Mq. im Darmst. Museum aus Mejico hat ganz schwarze Fühler (bei Macquart fehlte das dritte Glied).

Asilidae.

56. Leptogaster Ramoni n. sp. ♂

Thorace fusco-rufo, nitido, griseo marginato, nigro vittato; abdomine fusco; pedibus nigris, posticis elongatis; femoribus apicem versus rufo annulatis; alis flavescentibus.

Long. 13,5 mill. Patria: Cuba (Gundlach).

Stirne und Untergesicht seidenartig weisslich behaart. Bart weiss. Fühler schwarz. Thorax dunkel braunroth, glänzend, an den Seiten und am Hinterrande dicht grau bereift, mit drei ziemlich breiten schwarzen Striemen, deren seitliche vorn verkürzt sind. Brustseiten silbergrau, fein gleichfarbig behaart. Schildchen grau. Hinterleib braun, graulich bestäubt. (Ende fehlt). Hinterbeine stark verlängert, schwarz mit an der Wurzel weisslichen Schenkeln, Schienen und Metatarsen; letztere an der Innenseite dicht weisslich behaart; die Schenkel vor der Spitze mit breitem rothen Ring. Mittelbeine ebenso, die Schenkel jedoch auch an der Wurzel breit roth und die ersten Tarsongliedor in grösserer Ausdehnung weiss. An den Vorderbeinen die Schenkel roth mit schwarzer Spitze; die Schienen Innen gelblich, aussen schwarz, die Tarsen wie diejenigen der Mittelbeine. Flügel gelblich.

Coll. v. Heyden.

57. Nicocles nov. gen. Taf 1. Fig. 13.

Diese Gattung steht In der Mitte zwischen Senobasis Mcq. und Plesiomma Mcq. Letzterer Gattung steht sie im Ganzen näher, besitzt jedoch die breite Stirne der ersteren. Von beiden Gattungen weicht sie jedoch in der Form des Hinterleibes ab.

Generische Charactere von Dasypogon. Stirne In beiden Geschlechtern breit. Drittes Fühlerglied schmal und lang mit kurzem Endgriffel. Hinterleib flach, an den Seiten eingebogen, an der Basis schmal, am Ende kuglich, von Gestalt einer Phiole, und anscheinend aus sechs Segmenten bestehend. An der Unterseite des letzten Segments finden sich in der Mitte die Geschlechtsorgane des ♂ in Gestalt einer kleinen, kurz behaarten, aus Lamellen gebildeten halb geschlossenen Rosette. Flügeladern ziemlich parallel laufend. Vierte Hinterrand- und Analzelle offen. Hinterränder der Flügel gewimpert.

58. Nicocles analis n. sp. ♂ Taf. 1. Fig. 13.

Niger, thorace vittato, abdomine apice ferrugineo: femoribus nigris, apice rufis; posticis rufis, apice nigris, tibiis rufis apice nigris; tarsis nigris; alis fuscatis.

Long. 7 mill. Patria: Mejico.

Thorax und Kopf des Thieres sind etwas olig geworden und die Bestaubung nicht mehr genau zu erkennen. Grundfarbe schwarz. Oben auf der Stirne einige längere schwarzbraune Haare. Bart und Knebelbart weiss; letzterer auch mit einigen röthlichbraunen Härchen gemischt. Fühler schwarz: das erste und zweite Glied mit längeren röthlichbraunen Borstchen besetzt. Hinterkopf weiss schimmernd, oben mit einem weissen Haarkranze. Der Thorax zeigt nach hinten längere gelbliche Borstchen und scheint drei messinggelb schimmerade Striemen zu zeigen. Brustseiten weisslich behaart. Erstes bis viertes Segment schwarz, metallglänzend mit grünlichen und bläulichen Reflexen; das fünfte sehr kurze, aber sehr breite Segment metallschwarz mit

7 *

gelben Seitenrändorn, das letzte rostgelb mit schwärzlicher Mitte. Beide letzteren sind weisslich bestäubt und erscheinen je nach der Beleuchtung prächtig silberglänzend. Bauch mattschwarz, an der Spitze der Oberseite entsprechend. Genitalrosette rostgelb, kurz gelblich behaart. Schwinger rostgelb. Vorder- und Mittelschenkel schwarz mit rother Spitze, die der Hinterbeine und alle Schienen roth mit schwarzer Spitze. Tarsen schwarz. Letztere wie die Schienen weisslich behaart und beborstet. Flügel braun mit grünen und rothen Reflexen.

Mus. Darmst.

59. Dioctria lugubris n. sp. ♂

Atra, facie fusca; pedibus posticis atris, anticis, intermediisque rufis; alis nigro violaceis.

Long. 25 mill. Patria: Cuba (Gundlach).

Stirne und Untergesicht dunkel sammtbraun; erstere mit drei Längseinschnitten, letzteres am Augenrand gelblich schimmernd. Bart schwarz die einzelnen Haare an der Wurzel breit roth gefarbt. Die beiden ersten Fühlerglieder braun, cylindrisch, länglich, dünn schwarz behaart; das dritte sammtschwarz, fast so lang als die beiden ersten zusammen; am Innenrand etwas ausgeschnitten. Thorax und Brustseiten sammtschwarz; ersterer an den Seiten und am Hinterrande mit Borstenhaaren besetzt. Schildchen gleichfarbig an der Spitze mit zwei Borstenhaaren. Hinterleib an der Wurzel sammtschwarz, nach hinten glänzender; die Spitze glänzend schwarz, schwarz behaart. An der Basis des zweiten Segments steht jederseits am Rande ein kleiner Haarbüschel und der Seitenrand des dritten Segments ist der Länge nach, ausgenommen im ersten Drittel, dünn, wimperartig mit längeren schwarzen Härchen besetzt. Vorder- und Mittelbeine roth; Hinterbeine schwarz mit rothen Stachelborstchen. Flügel schwarzviolett. Schwinger mattschwarz.

Coll. v. Heyden.

60. Dasipogon Heydenii n. sp. ♂ Taf. 2. Fig. 1.

Ferrugineus, mystace albo; thorace subaureo, nigro-vittato; antennis, pedibusque rufis, tarsis testaceis, apicem versus nigris; alis flavidis, apice fuscatis.

Long. 22.5 mill. Patria: Corrientes (Bernus).

Stirne schwarz; Untergesicht gelb mit seidenartigem Flaum. Knebelbart weisslich, nur über dem Mundrand mit starken Borsten. Taster roth, gelb seidenartig behaart. Fühler roth; das dritte Glied flach lang, nach der Mitte hin verbreitert. Thorax und Brustseiten roth: gelb, schwach goldschimmernd bestaubt; ersterer mit drei breiten, sammtschwarzen Longsstreifen, deren mittlerer hinten und deren seitliche vorn verkurzt sind; die seitlichen etwas hinter der Mitte einmal unterbrochen. Von Oben gesehen erscheint der Thorax schwarz mit goldenen Langslinien. An den Seiten und am Hinterrande steht eine Reihe langer, schwarzer Stachelborsten. Schildchen roth mit der gelben Bestaubung; am Seitenrande jederseits eine grosse Stachelborste. Hinterleib rostroth mit sehr kurzer und feiner schwarzer Behaarung, welche den Vorderrand des zweiten und dritten Segments frei lässt. An den Seiten des Hinterrands des ersten Ringes steht ein Buschel langerer Haarborsten, welche bei einem Exemplar schwarz, bei einem andern gelb gefarbt sind. Am After zeigen sich gelbe Harchen. Die Hinterränder der Segmente sind schmal gelblich gesäumt und scheinen bei frischen Exemplaren mit der oben erwahnten gelben Bestaubung versehen zu sein. Bauch braun, sparsam und kurz gelblich behaart. Huften mit gelblichweissen Haarborsten besetzt. Schenkel und Schienen roth, fein rothgelb behaart und schwarz beborstet; Tarsen braunlichgelb, die drei ersten Glieder an der Spitze, die letzten ganz schwarz. Schwinger rostgelb. Flugel gelblich; Basis und Vorderrandzelle weingelb. Spitze und Hinterrand schwarzlich getrubt. Adern rothbraun. Vierto Hinterrandzelle geschlossen; das Flugelgeader sonst wie bei D. rufipalpis Mcq., in dessen Nahe die Art uberhaupt gehort; nur ist die Discoidalzelle viel schmaler.

Ich habe diese Art zu Ehren des Herrn Senator von Heyden benannt.

Mus. Senckenb.

61. **Saropogon bicolor** n. sp. ♀

Niger; abdomine fulvo piloso; ventre nigro; alis flavescentibus apice margineque postico fuscatis.

Long. 20 mill. Patria: Panama (Stentz).

Stirne und Untergesicht sammtschwarz mit dunkelrothbraunem Schimmer. Bart schwarz. Taster schwarz, stark schwarz behaart. Fühler schwarz; die beiden ersten Glieder fast gleich lang, schwarz behaart; das dritte langer als die beiden ersten zusammen, am oberen Rande behaart. Thorax sammtschwarz, an den Seiten und hinten mit schwarzen Borsten besetzt. Brustseiten schwarz behaart. Schildchen schwarz, matt, am Rande beborstet. Hinterleib an die Laphria-Arten erinnernd; schwarz, vom zweiten bis sechsten Segment dicht rothgelb behaart; die beiden letzten Segmente mit kurzen schwarzen Börstchen besetzt; der After mit einem Kranze stumpfer Dornen umgeben. Bauch mattschwarz, dünn schwarz behaart. Beine schwarz. Flügel gelblich; der Hinterrand und die Spitze gebräunt.

Coll. v. Heyden.

62. Stenopogon Macquartii n. sp. ♂

Flavido grisens; thorace fusco-vittato; abdomine ferrugineo fasciato; pedibus rufo testaceis; alis flavis.

Long. 16 mill. Patria: Abyssinia (Rüppel).

Stirne gelblich bestäubt mit längerer, rötlicher, abstehender Behaarung. Untergesicht schwarz, am unteren Augenrand mit einer glanzenden Schwiele, durch den starken bis zu den Fühlern reichenden Knebelbart fast ganz bedeckt. Taster schwarz. Erstes und zweites Fuhlerglied braungelb, das dritte schwarz. Hinterkopf gelbgrau bestäubt mit einem dichten Kranze weisslicher Borsten. Thorax und Brustseiten gelbgrau; ersterer in der Mitte mit zwei braunen nur durch eine Linie getrennten, und diesem zur Seite mit zwei undeutlichen und unterbrochenen Längsstriemen. Schulterschwielen braunlichgelb. Seiten- und Hinterrand des Thorax wie des dicht gelbgrau bestäubten Schildchens mit weisslichen Stachelborsten besetzt. Hinterleib rostgelb mit dichter gelbgrauer Bestäubung und gleichfarbiger feiner Behaarung, welche die breiten rostgelben, etwas glänzenden Hinterränder der Segmente frei lasst. Letztes Segment, wie der Genitalapparat ganz gelb. Hüften schwärzlich, dicht mit weissen Borstenhaaren besetzt. Beine rostgelb, fein blassgelblich behaart. Vorderschenkel auffallend kurz, an der Basis stark verdickt und an der Unterseite dicht mit schwarzen Dörnchen besetzt. Schienen und Tarsen dicht blassgelblich beborstet. An der Innenseite der Vorderschienen stehen vor der Spitze zwei schwarze Stachelborsten und sind die Seiten der Tarsen vorzugsweise mit schwarzen Borsten besetzt. Schwinger gelb. Flügel gelb mit gelben Adern.

Mus. Senckenb.

Der von Macquart (Dipl. exot. Tome I. 2te partie p. 50) 1838 einer Asilideu-Gattung gegebene Name „Discocephala" ist bereits 1833 in Guérins. Magasin etc. etc. an eine Hemipteren-Gattung vergeben worden, wesshalb ich hier an dessen Statt den Namen „Holcocephala" vorschlage.

Plesiomma nigra Mcq. ist synonym mit Dasipogon fuliginosus W., welcher letztere in einem typischen Exemplare vor mir liegt. Jedoch hat Macquart schon auf diese Möglichkeit hingewiesen, da Wiedemann weder über die Insertionsstelle der Ocellen, noch über einige andere hier in Betracht kommende Verhältnisse spricht.

63. Atomosia Beckeri n. sp. ♂ & ♀

Aeneo-nigra. Abdomine incisuris albidis; femoribus nigris, basi apiceque rufis; tibiis tarsique rufis apice fuscis.

Long. 7 mill. Patria: Mejico.

Kopf silbergrau bestäubt. Stirne spärlich schwarz behaart. Bart und Knebelbart silberweiss. Fühler schwarz, das dritte Glied etwas länger als die beiden ersten. Thorax und Schildchen schwarz, erzgrün schimmernd mit kurzer silberglanzender und etwas längerer bräunlicher Behaarung, welche letztere besonders gegen den Hinterrand hin auftritt. Schildchen am Rande mit einem bräunlichgelben Borstenkranze besetzt. Brustseiten stark silbergrau schimmernd und weisslich behaart. Hinterleib von der Farbe des Thorax mit etwas mehr gelblich schimmernder, dichter, kurzer Behaarung, und an den Seiten mit weisslichen glanzenden Einschnitten, welche am Hinterrande des vierten und fünften Segments eine zusammenhängende schmale Linie bilden. Beine ziemlich dicht silberglanzend bedornt und behaart. Schienen und Tarsen roth, an der Spitze schwarzbraun. Schenkel glänzend schwarz, an der Wurzel und Spitze roth. Flügel fast glashell. Erste Hinterrandzelle bald offen, bald geschlossen und gestielt.

Mus. Darmst.

64. Psecas[1] n. gen. Taf. 2. Fig. 2.

Dieses auf das nachstehend beschriebene Insekt gegründete Gattung zeigt alle generischen Merkmale von Craspedia Mcq., unterscheidet sich jedoch durch die eigenthüm-

---

[1] Eine Nymphe der Diana.

lich gebildeten Mittelbeine. Die Schienenspitze wie auch der Metatarsus der Mittelbeine zeigen nämlich folgende auffallende Entwickelung. Die Schienen sind an der Spitze erweitert und verdickt und zwar an der Innenseite beträchtlich stärker und in Gestalt eines das Gelenk bedeckenden Fortsatzes. An der Unterseite ist die Spitze dicht mit kurzen, sehr starken stumpfen Dornen besetzt, welche übrigens auch an der Unterseite der Mittel-Schenkel der ganzen Länge nach, hier aber lang und zwar in der Mitte am längsten auftreten. Der Metatarsus zeigt zwei Erweiterungen. Die erste, eine seitliche, bildet eine der Verlängerung der Schiene entsprechende, nach rückwärts laufende stumpfe Spitze; die zweite besteht in einem nach unten und hinten ziemlich stark entwickelten Fortsatz, welches auf seiner unteren Seite eine flache, längliche, dreieckige, dicht mit kurzen, starken, sehr dicken Dornen besetzte Sohle bildet.

65. **Pecns fasciata** n. sp. ♂ Taf. 2. Fig. 2.

Nigra; mystace sulphureo; abdomine viride micante, flavo fasciato; alis fuscis, venis flavido limbatis.

Long. 31,5 mill. Patria: Australia (Kirchner).

Stirne schwarz, am Augenrande mit längeren gelben und schwarzen Haaren besetzt. Untergesicht schwefelgelb, unter den Fühlern braun. Knebelbart aus starken, langen, nur den Mundrand umgebenden Borsten bestehend, schwefelgelb. Erstes und zweites Fühlerglied schwarz, an der Spitze beborstet; das dritte bräunlich, wie bestäubt. Taster braun. Hinterkopf mit gelbem Haarkranze und in der Nähe des Scheitels mit mehreren schwarzen Borsten. Thorax auf dem gut erhaltenen sammtschwarzen Vorderrand jederseits mit einer gelbbestaubten, halbkreisförmigen nach aussen offenen Linie und gleichfarbig bestäubten Linien am Rande der Schulterecken. Oberseite etwas abgerieben, scheint jedoch ziemlich deutlich durch breite sammtschwarze Mittelstriemen und gelbe Bestaubung ausgezeichnet gewesen zu sein. An den Rändern stehen lange, starke, schwarze Haarborsten, sowie kleinere gelbe Haare, und trägt die ganze Oberfläche ausserdem kurze, zarte, schwärzliche Behaarung, welche am Vorderrande etwas länger ist. Brustseiten dunkel rothbraun, hier und da gelblich bestaubt, sparsam schwarz behaart. Beule vor der Flügelwurzel sammtschwarz mit gelbem Längsstrich auf der oberen vorderen Hälfte, sparsam schwarz behaart. Hinter dieser Beule und dicht an der Einlenkungsstelle der Flügel findet sich ein nach aussen und etwas nach unten abstehendes Anhängsel in Gestalt eines kleinen hellbraunrothen Cylinder, welcher in eine aus schwarzen mit gelb sparsam untermischten Borstenhaaren bestehende Borstenkrone endigt, (ähnlich den Samen der Synantheren). Schildchen schwarz, wahrscheinlich gelbbestäubt. Hinterrücken chocoladebraun, jederseits mit einer länglich runden, weisslich bestäubten Beule. Hinterleib glänzend grün, mit blauen Reflexen, am Seitenrande schwarz-, nach hinten gelb gewimpert. Erstes Segment sammtschwarz, ziemlich dicht weiss behaart; die übrigen Segmente am Hinterrande mit gelben, schmalen Binden. Das zweite Segment mit dichter, längerer, die übrigen mit sparsamer, kurzer weisser Behaarung. Bauch braun, mit kurzer, gelblicher, am Seitenrande und jederseits auf einer zwischen letzterem und der Mitte liegenden Langslinie mit langer, schwarzer Behaarung. Schwinger braun. Beine dunkelbraun mit gelblicher längerer, und schwarzer, dichter und kurzerer Behaarung, sowie mit starken schwarzen Dornen. Die längere gelbe Behaarung ist auf die Schenkel beschränkt. Die Dornen sind an der Unterseite aller Tarsen gleichmassig vertheilt; sie bilden an den Schenkeln und Schienen der Hinterbeine in kurzen Abstanden eine obere und untere und zwei seitliche Reihen, während sie an den Vorderbeinen hier nur an der Spitze und in schwacherer Entwickelung auftreten. An den Schenkeln der Mittelbeine treten sie nur an der Innenseite, jedoch sehr stark und dicht auf, und zeigen sich deren einige auch auf der Oberseite an der Spitze. Flügel an der Spitzenhälfte dunkelbraun: die Wurzelhälfte mit Ausnahme der schwarzen Afterlappen viel heller. Adern rothgelb, am Hinterrande hell gesäumt.

Mus. Senckeab. u. Coll. v. Heyden.

66. Mallophora nigriventris n. sp. ♂

Thorace fusco-castaneo, abdomine nigro, piloso; antennis nigris, basi rufis; pedibus rufis nigro pilosis; tibiis tarsisque posticis nigro ciliatis; tibiis posticis apice interne albo pilosis; alis brunneis.

Long. 25 mill. Patria: Paraguay (Rengger).

Stirne und Untergesicht schwarzbraun; erstere am Augenrande schwarz behaart. Scheiteldreieck und Hinterkopf in der Nahe des Scheitels mit längerer gelber, mit schwarz gemischter Behaarung. Untergesicht gelblich bestäubt. Knebelbart schwarz, in der Mitte weiss. In der Nahe des Augenrandes zieht sich jederseits eine breite Linie dunner schwarzer Haare nach den Fühlern hinauf, und machen sich an der inne-

8

ren Seite dieser Linie auch einige weisse Haare bemerklich. Backenbart gelblichweiss. Fühler schwarz, das erste Glied rothbraun; die Borste gelblich. Taster roth,
dicht weisslich behaart. Thorax dunkelrothbraun, an den Seiten und am Hinterrande
ziemlich dicht mit kürzeren schwarzen Borsten besetzt. Brustseiten gleichfarbig, schwarz
behaart. Schildchen roth, sehr dicht mit längeren schwarzen, mit rothen untermischten
Haaren besetzt. Hinterleib schwarz mit ziemlich dichter, jedoch nicht sehr langer,
schwarzer Behaarung. An der Bauchseite sind die Segmente am Hinterrand gleichbreit rothbraun gerandet. Beine dunkelroth, dicht schwarz behaart, die Hinterschienen
und Tarsen gewimpert. Vor der Spitze der Hinterschienen an der Innenseite ein
Büschel weisser Haare. Flügel braun, die Vorderrandzelle dunkler; Adern bräunlich
rothgelb, dunkler gesäumt.

Coll. v. Heyden.

Mallophora scopifera Mcq. ist nicht synonym mit Asilus scopifer W.

67. Erax Zetterstedtii n. sp. ♂

Ex fusco niger. Thorace griseo bivittato; abdomine nigro, incisuris albis; pedibus nigris; femoribus, tibiisque supra rufis. Alis flavescentibus.

Long. 18 mill. Venezuela (Grillet).

Stirne und Untergesicht gelb; erstere mit gelben und auf dem Scheitel mit schwarzen Borsten besetzt. Knebelbart gelb, unten und oben mit einzelnen schwarzen Borsten.
Backenbart gelblichweiss. Erstes und zweites Fühlerglied rostroth, gelb beborstet;
das dritte Glied schwarz. Taster bräunlichroth, schwarz beborstet. Hinterkopf mit
gelblichweissen Börstchen und in der Nähe des Scheitels mit fuchsröthlichen, starken
Borsten besetzt. Thorax braunroth, weiss bestäubt mit zwei ziemlich genäherten,
sammtbraunen Rückenstriemen, welche gegen den Hinterrand undeutlicher werden. Dicht
an den äusseren Seiten derselben läuft eine zarte braune Linie hin, welche hinter der
Mitte in einen sammtschwarzen, kleinen Wisch endigt. Die Oberseite sonst mit kurzen,
schwarzen, hinten etwas längeren Börstchen und am Seiten- und Hinterrande mit den
gewöhnlichen stärkeren, schwarzen Borsten besetzt, zwischen welchen sich noch kleine
gelbe Börstchen bemerklich machen. Schildchen dunkelroth, am Rande sammtbraun
schimmernd; weiss bestäubt und kurz schwarz behaart; am Rande mit einem schwarzen Borstenkranze besetzt. Brustseiten roth, grau bestäubt mit sparsamer weisslicher
Behaarung. Am Hinterrücken jederseits hinter der Flügelwurzel ein auffallender weiss-

— 55 —

bestäubter Fleck. Hinterleib sammtschwarz, mit milchweissen, sammtartigen und ziemlich dicht weiss behaarten Einschnitten. Das erste Segment ist fast ganz weiss und nur in der Mitte schwarz; die Behaarung dieses Segments ist am längsten und stehen jederseits in der Nähe der Hinterecken mehrere schwarze Stachelborsten. Das sechste und siebente Segment sind in der Mitte rothbräunlich, auf den Seiten aber dicht weisslich bestäubt. Der Genitalapparat zeigt einen, zwischen den rothbraunen, weisslich behaarten Klappen, nach oben hervorstehenden zipfelförmigen Anhang. Bauch schwarzbraun, nach hinten mehr röthlich, glatt, und wie es scheint weisslich bestäubt. Hüften roth, dicht gelblich beborstet. Beine schwarz mit ziemlich dichter, gelblicher, kurzer, an den Schenkeln längerer Behaarung (wodurch dieselben grau erscheinen) und schwarzer Beborstung. Schenkel und Schienen an der Oberseite dunkelroth. Flügel gelblich; die Adern gelbroth.   Mus. Senckenb.

68. Asilus sundaicus n. sp. ♀

Rufescens; thorace bivittato; abdomine fusco, margine postico segmentorum singulorum testaceo-fasciato; antennis ferrugineis, articulo tertio nigro; pedibus ferrugineis, tarsis apice nigris; alis flavidis, apice fuscis.

Long. 16 mill. Patria: Java (Döbel).

Stirne und Untergesicht gelb, seidenartig glänzend. Knebelbart gelb, nicht sehr stark. Erstes und zweites Fühlerglied gelb, kurz schwarz beborstet; das dritte schwarz. Taster rothgelb. Hinterkopf mit einem Kranz gelblicher Haare und in der Nähe des Scheitels jederseits mit einigen längeren schwarzen Borsten. Thorax gelbroth, mit kurzen, nach hinten längeren und am Rande mit grösseren Borsten besetzt, sowie mit zwei durch einen breiten Zwischenraum getrennten dunkelbraunen Längsstriemen, welche auf der vorderen Hälfte am deutlichsten sind. Brustseiten rothgelb, goldgelb bestäubt, fast kahl, mit spärlicher, langerer, dünner, gelblicher Behaarung. Schildchen gelb mit kurzen schwarzen Härchen am Rande und auf der Mitte. Oberseite des Hinterleibs olivenbraun mit dünner kurzer, nur vor den schmal gelb gebänderten Hinterrändern der Segmente und am Seitenrande etwas längerer, gelblicher Behaarung. Am Seitenrand des ersten Segments einige schwarze Stachelborsten. Der Bauch sowie die umgeschlagenen Seitenränder der oberen Segmente bräunlichgelb. Legeröhre schwarz. Beine rothgelb; schwarz beborstet. Die Schienen und Tarsen mit seidenglänzender,

8*

kurzer, dichter, fuchsröthlicher Behaarung, welche an den vorderen Beinen mehr nach Art seitlicher Längslinien auftritt, an den Hinterbeinen jedoch die ganze innere Fläche bedeckt. Knieen der hinteren Beine und die Tarsen gegen die Spitze schwärzlich. Flügel gelb, an der Spitze breit braun. **Mus. Senckenb.**

69. Asilus regius n. sp. ♂

Thorace subaureo, nigro-vittato; abdomine aurantiaco, basi fusco-griseo, apice nigro: antennis fuscis, femoribus apice nigris; alis flavescentibus, apice fuscatis. Long. 18 mill. Patria: Australia (Kirchner).

Stirne und Untergesicht goldgelb, glänzend. Stirnseiten und Scheitel mit schwarzen Borstenhaaren besetzt. Fühler braun, das dritte Glied schwarz; die beiden ersteren mit längeren, schwarzen Haarborsten besetzt. Knebelbart nicht sehr stark; oben und seitlich schwarz, in der Mitte gelblich. Taster schwarz und schwarz behaart. Hinterkopf gelblich mit gleichfarbigem Haarkranz und in der Nähe des Scheitels jederseits mit mehreren grösseren schwarzen Haarborsten. Thorax auf der Oberseite goldgelblich bestäubt; auf dem vorderen Theil mit kurzen, nach hinten mit längeren, am Seiten- und Hinterrande, sowie am Rande des graugelblichen Schildchens mit sehr langen und starken schwarzen Borsten besetzt; in der Mitte mit zwei sammtschwarzen, gleichbreiten, nur durch eine schmale Linie getrennten und zu beiden Seiten mit zwei breiteren, unterbrochenen, den Vorderrand nicht erreichenden, gleichfarbigen Längsstriemen. Schulterbeulen kastanienbraun schillernd, am unteren Rande schwarz behaart. Brustseiten graugelblich bestäubt; spärlich weisslich behaart. Die Beule vor der Flügelwurzel mit dunkelbraunem Schillerflecken und am oberen Rande mit einer Reihe schwarzer Haare. Hinterleib auffallend kurz: vom dritten bis zum siebenten Segment orangefarbig; gleichfarbig, kurz, niederliegend behaart. Erstes Segment bräunlichgrau; das zweite ganz und das dritte und vierte am Seitenrande gelblichgrau bestäubt; die grauen Parthien mit gleichfarbiger, am Seitenrande längerer und weisslicherer Behaarung. Hinterleibsende schwarz und schwarz behaart. Bauch grau mit sparsamer gleichfarbiger Behaarung. Beine rothgelb, schwarz beborstet; Tarsen und Schenkelspitzen schwarz; die Schenkel mit feiner, längerer, weisslicher, die Schienen mit kürzerer, oben schwarzer, unten weisslicher Behaarung. Innenseite goldgelb, seidenglänzend behaart. Flügel länger als der Hinterleib, gelblich, an der Spitze breit schwärzlich. Schwinger gelb. **Mus. Senckenb.**

70. Asilus Agrion n. sp. ♂

E fusco cinereus. Thorace flavescente, nigro vittato; antennis nigris; pedibus fusco castaneis; femoribus supra nigris; alis fuscatis.

Long. 34 mill.   Patria: Illinois (Dr. Reuss).

Stirne und Untergesicht gelb. Erstere an den Seiten mit langerer, gelblicher, auf dem Scheitel mit schwarzer Behaarung. Bart und Knebelbart stark entwickelt; gelb; der letztere an den Seiten mit einigen schwarzen Borsten. Fühler schwarz. Taster schwarz, mit schwarzen, langen, zottigen Haarborsten besetzt. Hinterkopf mit dichtem, schwarzem Borstenkranz. Thorax dunkelrothbraun, gelb bestaubt mit vorn kurzen, nach hinten langeren, am Seiten- und Hinterrande sehr langen und starken schwarzen Borsten besetzt; auf der Mitte mit zwei schmaleren, gleichbreiten, in der Mitte durch eine Linie getrennten, und an den Seiten mit zwei breiteren, unterbrochenen, und vorn verkürzten, sammtschwarzen Längsstriemen. Schildchen dunkelrothbraun, grau bestäubt, auf der Mitte und am Rande mit starken schwarzen Stachelborsten, welche mit schwarzen Haaren untermischt sind, besetzt. Brustseiten rothbraun, gelblich bestäubt und sparsam weisslich behaart. Hinter und unter der Flugelwurzel eine Querreihe starker, schwarzer Stachelborsten. Hinterleib sehr lang (9 lin.), schwärzlich, dicht graugelb bestäubt und gleichfarbig kurz bebaart. Die Hinterränder der Segmente bindenartig von der Behaarung frei bleibend und mehr gelb schimmernd. Genitalapparat röthlich. Seitenrand des Hinterleibs fast kahl, nur an den drei oberen Segmenten mit langeren, schwarzen Haaren besetzt, welche gegen den Hinterrand an Länge und Stärke zunehmen. Bauch der Oberseite entsprechend. Beine dunkelrothbraun, durch dichte, weissliche Behaarung grau erscheinend, reihenweisse mit schwarzen Borsten besetzt; die Schenkel auf der Oberseite schwarz. Flugel kurzer als der Hinterleib; gelbbraunlich. Wurzelhälfte des Vorderrandes und die vordere Basalzelle fast glashell. Schwinger braun.

Mus. Senckenb.

— 58 —

71. **Doryclus** nov. gen[1]). Taf. 2. Fig. 3.

Diese Gattung gründe ich auf Asilus distendens W., welcher sich, abgesehen von dem Bau der Hinterbeine, besonders durch den Mangel des Knebelbarts, ferner durch das unter den Fühlern etwas vorspringende und dann stark zurückweichende Untergesicht, sowie durch den ausserordentlich stark entwickelten Hinterrücken scharf von Asilus und den verwandten Gattungen trennt.

Kopf fast doppelt so breit als hoch. Stirne und Untergesicht sehr breit; das letztere unter den Fühlern nasenartig vorspringend und dann schnell zurückweichend, nicht unter die Augen herabgehend, glatt und bartlos. Fühler vorgestreckt, an der Basis genähert; das erste Glied etwas länger als das zweite; (das dritte fehlt). Rüssel vorstehend, fast doppelt so lang als der Kopf. Taster walzenförmig, länger als der Kopf. Rückenschild eirund, gewölbt, oben abgeflacht. Schildchen klein. Hinterrücken ausserordentlich stark entwickelt, an die Tipuliden erinnernd. Hinterleib flach, verhältnissmässig kurz, nach hinten schwach erweitert. Genitalien des Männchens vorstehend; zwischen zwei Klappen verborgen. (Von den Beinen sind nur die vorderen Schenkel und ein Hinterbein, mit Ausnahme der drei letzten Tarsenglieder, vorhanden). Hinterbeine stark verlängert; die Schienen gegen das Ende keulenförmig verdickt und hier stark behaart. Metatarsus ebenfalls verdickt und verlängert; viermal länger als das zweite Glied; das zweite Tarsenglied von gewöhnlicher Bildung. Flügel länger als der Leib mässig breit. Randzelle dicht am Rande geschlossen. Zwei Unterrandzellen. Dritte Längsader gegabelt. Vier Hinterrandzellen. Analzelle und dritte Hinterrandzelle geschlossen und gestielt.

NB. Die Wiedemann'sche Beschreibung scheint mir insofern nicht ganz richtig, als das Thier, mit Ausnahme des dunkel stahlblauen Hinterleibes, nicht absolut schwarz, sondern mehr dunkelrothbraun gefarbt ist. Letztere Färbung könnte auch übrigens Folge des Eintrocknens sein.

Mus. Senckenb.

Asilus impendens W. gehört zu Senoprosopis Mcq.

„ ludens „ „ „ Trupanea „

---

[1]) Gatte der Beroe (Virgi).

Muscidae.

72. **Cyphops** nov. gen[1]) (Ephidrinarum). Taf. 1. Fig. 14.

Kopf im Habitus an Myopa erinnernd, kahl, mit seitlich vorgequollenen Augen; im Profil fast vier-, von Oben gesehen fast dreieckig. Stirne flach, fast horizontal; vom Untergesicht scharf abgesetzt; vorn abgerundet; an den Seiten die fast kreisrunden dicken, aber kleinen Augen. Drei Punktaugen. Untergesicht aufgeblasen, senkrecht, den Umrissen der Stirne entsprechend, weit unter die Augen herabgehend; unter den Fühlern mit einer Grube; ohne alle und jede Behaarung. Wangen und Backen breit. Mundöffnung wagerecht abgeschnitten, gross. Oberlippe weit vorstehend, oval, ausgehöhlt. Rüssel dick und wie es scheint lang (derselbe ist arg zusammengeschrumpft). Taster ziemlich kurz, keulenförmig und seitlich zusammengedrückt. Fühler unter dem Stirnrande eingefügt, breit getrennt, kurz; das erste Glied äusserst kurz; das zweite an der Basis und an der Spitze mit einem kurzen Börstchen; das dritte Glied länglich mit langer, auf der Oberseite gekämmter Rückenborste. Rückenschild flach gewölbt, kahl, hinten mit einigen Borsten. Schildchen flach, abstehend, ziemlich breit und lang; nach hinten verschmälert, an der Spitze mit zwei, an den Seiten je mit einer Borste. Hinterleib flach, länglich, eiförmig, kahl. Beine einfach, mässig lang. Mittelschienen an der Spitze mit zwei langen Borsten. Hinterschienen leicht gebogen. Klauen gebogen. Haftläppchen vorhanden. Flügel etwas länger als der Hinterleib. Erste Längsader einfach; an der Basis sehr dick. Zweite Längsader lang: vorn etwas aufgebogen; dritte und vierte vorn convergirend. Kleine Querader vor der Flügelmitte; hintere geschwungen und dem Rande genähert; Anal- und hintere Basalzelle fehlend. Randader bis zur Mündung der vierten Längsader reichend.

---

[1]) von κύφος Buckel, ὄψ Blick.

73. Cyphops fasciatus n. sp. Taf. 1. Fig. 14.

Fusco niger. Fronte flavido signato; hypostomate cinereo; thorace scutelloque cinereo marginato; abdomine cinereo marginato et fasciato; in mediis fasciis interruptis; ventre cinereo; pedibus fuscis; tibiis tarsisque basi testaceis; alis fuscatis.

Long. 9 mill. Patria: Java (Fritz).

Stirne braunschwarz, bräunlichgelb gerandet; in der Mitte mit einer bräunlichgelben, jedoch nur auf die vordere Hälfte beschränkten Längslinie, und zwei gleichfarbigen seitlichen, jedoch kleineren und undeutlicheren, vom Scheitel ausgehenden und nur auf den hinteren Stirntheil beschränkten. Fühler schwarzbraun. Untergesicht aschgrau, am Stirnrande braun. Oberlippe aschgrau gerandet. Taster gelblichgrau. Thorax schwarzbraun, am Rande bläulich aschgrau, mit drei gleichfarbigen, am vorliegenden Exemplare jedoch undeutlichen Längsstriemen. Schildchen schwarzbraun, gleichfalls bläulich aschgrau gerandet, mit einer nur auf der vorderen Hälfte deutlichen gelblichen Mittellinie und nächst der Basis kastanienbraunem Seitenrand. An der Spitze stehen zwei Borsten, an den Seiten je eine. Brustseiten aschgrau. Hinterleib schwarzbraun mit bläulich aschgrauem Seitenrand und gleichfarbigen in der Mitte unterbrochenen Querbinden an den Hinterrändern der Segmente. Bauch grau. Beine schwarzbraun; die Schenkel dicht grau bestaubt. Schienen und Tarsen an der Basis gelblich. Schienenspitze und Metatarsus der Hinterbeine goldglänzend. Flügel bräunlich; die Adern schwach gesäumt.

Coll. v. Heyden.

Tetanocera limbata W.=Phecomyia longicornis Perty.

74. Spilogaster Widerl n. sp. ♀

Flava; thorace griseo bivittato; scutello flavo, basi griseo; abdomine flavo, vitta dorsali grisea; antennis nigris; pedibus flavis; alis subhyalinis.

Long. 8 mill. Patria: Abyssinia (Rüppel).

Stirne grau, zu beiden Seiten mit einer Borstenreihe; der Scheitel mit längeren und kürzeren schwarzen Borsten besetzt. Untergesicht silberschimmernd mit schwarzen Reflexen. Fühler und Taster schwarz. Thorax gelb; der Rücken grau, ausser den gewöhnlichen grösseren Borsten kurz, schwarz beborstet, mit zwei dunkleren, nur auf der vorderen Hälfte deutlichen, schmalen Langslinien. Schildchen gelb, an der Basis grau; die Oberseite kurz schwarz beborstet und der Rand mit grossen Stachelborsten besetzt. Brustseiten gelb, auf der Mitte grau; die grauen Stellen kurz schwarz behaart. Eine Gruppe grösserer Borsten steht über der Wurzel der Vorderhüften; sodann findet sich eine Reihe starker Borsten am Hinterrand der vor der Flügelwurzel gelegenen Beule, sowie einzelne stärkere Borsten auf dem unter letzterer gelegenen Brststucke. Hinterleib gelb, oben und unten dicht und kurz, schwarz niederliegend beborstet; auf der Mitte mit einem grauen, ziemlich breiten Langsfleck, welcher auf dem zweiten Segment beginnt und vor der Hinterleibsspitze endet. In der Mitte des ersten Segments am Vorderrande ausserdem ein schwärzlicher, dreieckiger Fleck. Am Rande der hinteren Segmente, sowie auf der Mitte der letzten finden sich grössere Stachelborsten Beine gelb, mit kurzen schwarzen Borstchen besetzt; die Hüften und Schenkel ausserdem mit Reihen grösserer Borsten, deren auch einzelne in der Mitte und an der Spitze der Schienen stehen. Flügel fast glashell; die Adern gelb und schwach gelb gesäumt. Schwinger gelb. Mus. Senckenb.

75. Spilogaster nigritarsis n. sp. ♂

Ferrugineo; thorace vitta dorsali grisea; abdomine e griseo fusco, basi flavo; pedibus flavis; tarsis nigris, antennis brunneis, articulo tertio basi flavo.

Long. 6 mill. Patria: Abyssinia (Rüppel).

Stirne und Untergesicht silberschimmernd; erstere über den Fühlern mit sammtschwarzem, mit schwarzen Borsten besetztem Dreieck und schwarzem, schwarz beborstetem Scheitel. Fühler bräunlich, das dritte Glied an der Basis breit gelb; die Wurzelglieder mit schwarzen Borsten besetzt. Taster bräunlich. Thorax und Brustseiten röthlichgelb; ersterer mit breiter, brauner, graubestaubter Langsstrieme, welche in der Mitte durch eine braune Linie in zwei Theile getheilt erscheint und ausser den gewöhnlichen Stachelborsten mit ziemlich feiner, kurzer schwarzer Behaarung besetzt ist. Die grösseren Borsten der Brustseiten in derselben Anordnung, wie bei voriger Art. Schildchen bräunlichgrau, kurz schwarz behaart und mit schwarzen Randborsten. Hinterleib durchaus schwärzlich kurz beborstet, von der Hälfte des zweiten Segments an graubraun; die Basis gelb und der Hinterrand des ersten Segments schmal braun Am

9

Seitenrande und an den Hinterrändern der letzten Segmente, am letzten auch auf der Mitte, zeigen sich grössere abstehende Stachelborsten. Bauch in grösserer Ausdehnung gelb; nur gegen die Spitze schwarz. Beine gelb; Tarsen schwarz; die Beborstung wie bei voriger Art. Flügel fast glashell mit gelben Adern. Schwinger gelb.

Mus. Senckenb.

76. Spilogaster fasciata n. sp. ♂

Thorace albido, nigro fasciato; margine antico maculis quatuor nigris; scutello nigro, apice griseo; abdomine griseo pellucido; linea dorsali maculisque nigro fuscis; autennis flavis, articulo tertio nigro; pedibus fuscis, femoribus basi flavidis.

Long. 8 mill. Patria: Abyssinia (Rüppel).

Stirne und Untergesicht silberweiss; erstere mit zwei mit schwarzen Borsten besetzten, einen schwarzen Längsstreifen einschliessenden Leisten und auf dem Scheitel mit einem Borstenbüschel. Taster braun. Erstes und zweites Fühlerglied bräunlich-gelb; das dritte schwarz. Thorax und Brustseiten dunkelrothbraun, dicht grauweiss bestäubt. Ersterer auf der Mitte mit einer breiten sammtschwarzen Querbinde und am Vorderrande mit vier eben so gefärbten Flecken, deren beide innere dem Anfange von Längsstriemen entsprechend, ganz vorn zusammenhangen, dann schmäler werden und die Querbinde nicht erreichen. In der Mitte des weissen Raumes zwischen diesen und dem Seitenrande jederseits ein sammtschwarzer rundlicher Fleck. Rücken ausser den gewöhnlichen Borstenreihen ziemlich dicht mit kurzen Borstchen besetzt. Die grösseren Borsten der Brustseiten eben so angeordnet, wie bei S. Widori. Schildchen sammtschwarz, die Spitze grau; Beborstung wie gewöhnlich. Hinterleib gelbgraulich durchscheinend mit einer braunen, schmalen Mittellinie und braunen Flecken von folgender Anordnung. Am Seitenrande jeden Segments zeigt sich jederseits ein Fleck, deren jene am zweiten Segment kreisrund, die anderen grösser, länglich und unregelmässig sind. Auf dem zweiten Segment zu beiden Seiten der Mittelstrieme ein ebenfalls kreisrunder hellerer, und auf dem dritten ein grösserer, nach hinten breiterer, stumpf dreieckiger dunkelbrauner Fleck. Das vierte Segment ist ausser der Mittelstrieme fast ganz braungrau mit gelblichem Hinterrand und in dessen Nähe beiderseits der Mittelstrieme zeigt sich ein kleines sammtbraunes Fleckchen. Bauch grau, in der Mitte mit breiter, wachsweisser Mittelstrieme und in deren Mitte mit einer schmalen, braunen Linie. Der ganze Hinterleib ausser der ziemlich dichten allgemeinen, kurzen, schwarzen Beborstung, an den hinteren Segmenten mit den gewöhnlichen längeren Borsten besetzt. Beine braun, schwarz beborstet; die Hüften, die Wurzelhälfte der Schenkel und an einem Exemplar auch die Schienen bräunlichgelb. Flügel etwas getrübt, irisirend, mit bräunlichen Adern. Schwinger gelb.

Mus. Senckenb.

77. Spilogaster Osten-Sackenii n. sp. ♀

Ex cinereo alba; thorace fascia nigro-fusca; margine antico maculis duabus fuscis; abdomine fusco-maculato; antennis pedibusque nigris.

Long. 6 mill. Patria: Abyssinia (Rüppell).

Stirne und Untergesicht silberweiss; erstere mit einer breit auf der Fühlerbasis stehenden Vförmigen schwarzen Figur, deren Schenkel bis zum Augenrande reichen und deren aussere Grenze mit Borsten besetzt ist, welche sich am Augenrande bis zum Scheitel fortsetzen und hier an Grösse zunehmen. Taster und Fühler schwarz. Thorax und Brustseiten sehr dicht silbergrau bestäubt; ersterer oben mit einer breiten, mittleren, dunkelbraunen Querbinde und am Vorderrande mit zwei breit getrennten eiformigen, gleichfarbigen Längsflecken. Schildchen farbig getheilt; die vordere Hälfte braun, die hintere silbergrau. Hinterleib grau mit zwei Reihen brauner, grosser Flecken, welche eine graue Mittellinie frei lassen, den Hinterrand der Segmente bis nahe zum Rande einnehmen, den Vorderrand jedoch nur nächst der Mitte berühren. Sie zeigen eine fast dreieckige Gestalt und enden mit dem dritten Segment. Das vierte Segment ist grau mit braunem Längsfleck in der Mitte. Beborstung des Körpers wie bei obigen Arten, doch im Ganzen etwas sparsamer. Beine schwarz, die Hüften und Schenkel grau bestäubt. Flügel schwach getrübt mit braunen Adern. Schwinger weisslich.

Mus. Senckenb.

78. Spilogaster calliphoroides n. sp. ♀

Coeruleo-nigra; thorace trivittato; antennis fusco-ferrugineis; alis fuscatis, cellula submarginali fusca; pedibus fuscis, femoribus ubilaque apice rufis.

Long. 8 mill. Patria: Brasilia (Freireiss).

Stirne und Untergesicht silbergrau; erstere mit breiter, schwarzer Längsstrieme. Taster schwarz. Fühler dunkel rothlichgelb. Körper dunkelblau mit weisslichem

9*

Schimmer, in der Färbung an Calliphora vomitoria erinnernd. Thorax mit drei Striemen, welche jedoch nur am Vorderrand deutlich sind. Hinterleib schwach glänzend. Beine braun. Hüften, sowie die Spitzen der Schenkel und Schienen roth, die Schenkel in grösserer Ausdehnung. Schüppchen und Schenkel bräunlich. Flügel gebräunt; die Unterrandzelle dunkelbraun.

Mus. Senckenb.

79. Hylemyia simensis n. sp. ♂

Nigra; thorace griseo trivittato; abdomine griseo, linea longitudinali ex maculis fuscis; antennis pedibusque nigris; alis fuscatis, venis transversalibus fusco-limbatis.

Long. 4,5 mill. Patria: Abyssinia (Rüppell).

Stirne schwarz, schwarz beborstet, die Augen unterhalb des Scheiteldreiecks fast zusammenstossend. Untergesicht grau mit schwarzen Reflexen. Fühler und Taster schwarz. Thorax und Brustseiten bläulichgrau bestäubt; ersterer auf der Oberseite mit drei etwas undeutlichen braunen Längsstriemen, deren mittlerer sich bis auf den vorderen Theil des bräunlichgrauen Schildchens fortsetzt. Schwinger rostgelb. Hinterleib dicht grau, mit einer aus länglichen, dem Vorderrand der Segmente aufsitzenden und nahe am Hinterrand zugespitzten sammtbraunen Flecken gebildeten Mittellinie. Bauch schwarz, glänzend. Beine und Hüften schwarz und schwarz beborstet. Flügel schwach gebräunt; die Basis, sowie Vorder- und Unterrandzelle etwas gelblich. Queradern braun gesäumt.

Mus. Senckenb.

80. Anthomyia abyssinica n. sp. ♀

E cinereo alba; thorace fascia nigra, margine antico maculis duabus nigris; scutello nigro, apice albo; abdomine linea dorsali incisurisque nigris; antennis nigris; pedibus fuscis.

Long. lin. 6 mill. Patria: Abyssinia (Rüppell).

Bei vorliegendem Exemplar ist der Kopf etwas öllg geworden und ausser den schwarzen Fühlern und Tastern nichts mehr mit Bestimmtheit festzustellen. Fühlerborste schwach gefiedert. (Ich glaube annehmen zu dürfen, dass Stirne und Untergesicht silberglänzend gewesen sind.) Thorax silbergrau mit sammtschwarzer breiter Querbinde

— 65 —

und am Vorderrande mit zwei gleichfarbigen, breit getrennten, lang elförmigen und etwas nach Aussen gestellten Längsflecken. Brustseiten ebenfalls silberweiss, beiderseits nahe am oberen Rande mit einem dem oberen entsprechenden Längsfleck. Schildchen sammtschwarz, nur die äusserste Spitze grau. Hinterleib weisslich mit schwarzen Rückenstriemen und am Vorderrande der Segmente mit gleichfarbigen, schwarzen Einschnitten. Beine dunkelbraun; Hüften und Schenkel grau bestäubt. Schwinger gelb. Flügel fast glashell mit braunen Adern. Vorderrand gedornt mit einem stärkeren Dorn an der Ausmündung des Vorderrasts der ersten Längsader.

Mus. Senckenb.

81. Anthomyia chilensis n. sp. ♂ & ♀

Cinerea; thorace trivittato; scutello abdomineque griseis, linea dorsali fusca; antennis pedibusque fuscis; alis subhyalinis, transversalibus fusco limbalis.

Long. 5 mill.   Patria: Chile (Bayrhoffer).

Stirne und Untergesicht grau, erstere beim Weibchen mit breiter brauner Längsstrieme. Stirne des Männchens sehr schmal mit gleichfarbiger Strieme. Auf dem Untergesicht unterhalb der Einlenkungsstelle der Fühler eine breite, braune Querbinde, welche beim Weibchen deutlicher ist. Fühler und Taster schwarz; die Fühlerborste nackt. Thorax und Brustseiten aschgrau; der erstere mit drei ziemlich breiten, braunen durchgebenden Striemen, deren mittlere sich auf das grüne Schildchen fortsetzt. Hinterleib grau mit sehr schmaler brauner Rückenlinie, welche beim Weibchen etwas undeutlich ist; der Hinterleib ausserdem mit sehr kleinen bräunlichen Flecken besaet. Beine schwarz, beim Weibchen mit braunen Schienen. Flügel bräunlich getrübt; die Queradern braun gesäumt. Vorderrand gedornt mit einem stärkeren Dorne an der Ausmündung des Vorderastes der ersten Längsader.

Mus. Senckenb.

Anthomyia limbata W. gehört zu Hylemyia R. B.
    „   arcuata W. „   „ Aricia R. B.
    „   dichroma W., spiloptera W. gemina W.
nigrina W. und grisea Fab. zu Spilogaster. Mcq.

82. Lucilia Barthii [1]) n. sp. ♀

Coerulea viridis; palpis nigris; antennis fuscis, articulo tertio basi rufo; pedibus nigris, femoribus coeruleis; squamis albis.

Long. 9 mill. Patria: Massaua (Rüppell).

Stirne mit breiter, schwarzer, matter Mittelstrieme, der obere Theil bis nahe zu den Fühlern glanzend blau, der untere Theil wie das Untergesicht weiss mit schwarzen Reflexen. Backen glanzend blau. Fühler braun, das dritte Glied an der Wurzel roth. Taster schwarz. Körper blaugrün; die Gegend um das Schildchen mehr blau, Vorderrand des Thorax, die letzten Hinterleibs-Segmente, sowie die ganze Unterseite grun. Schildchen an der Basis violett. Schuppen wachsweiss. Unter den Schulterecken eine kleine, langraolenförmige, schwarze Schwiele. Schenkel blaugrun, glanzend. Schienen und Tarsen schwarz. Flügel glashell.

Mus. Senckenb.

83. Lucilia Spekei[2]) n. sp. ♀

Thorace scutelloque cyaneis; abdomine coeruleo viridi; antennis nigris, palpis fuscis; pedibus piceis, squamis albis.

Long. 6 mill. Patria: Massaua (Rüppell).

Stirne schwarz, schwach glanzend mit breiter, matter Strieme. Untergesicht weiss, mit schwarzen Reflexen. Backen schwarz, schwach glanzend und braunroth behaart. Fühler schwarz (sehr dunkel schwarzbraun). Taster dunkelbraunroth. Thorax und Schildchen blau mit violetten Reflexen. Brustseiten blau, weisslich bestaubt. Unter den Schulterecken eine kleine weisse langraulenformige Schwiele. Hinterleib blaugrün, am Bauche weissbestaubt. Beine und Hüften pechbraun. Flügel glashell. Schuppen wachsweiss.

Mus. Senckenb.

---

[1]) Nach dem bekannten afrikanischen Reisenden Dr. Barth.
[2]) Nach dem um die Erforschung der Nilquellen verdienten Capt. Speke.

84. Lucilia rufipalpis n. sp. ♀

Cyaneo viridis, antennis palpisque rufis; pedibus nigris, squamis flavidis.

Long. 9 mill. Patria: Illinois (Dr. Reuss).

Stirne und Untergesicht schwarz, weiss bestaubt. Erstere sehr breit mit matt-schwarzer, fast die ganze Breite einnehmender Strieme. Backen sehr breit, blauschwarz, glänzend schwarz behaart. Fühler roth; das dritte Glied oben mit braunem Rücken, Fiederborste schwarz. Taster roth. Thorax vorn grün, nach hinten wie das Schild-chen blau. Brustseiten blaugrün; die Schwiele unter den Schulterecken rothgelb. Hin-terleib an der Basis dunkelblau; die letzten Segmente blaugrün. Bauch der Oberseite entsprechend. Beine schwarz, die Schenkel schwach bläulich glänzend. Flügel glas-hell. Schuppen gelblich.   Mus. Senckenb.

85. Lucilia Sayi n. sp. ♀

Viridis; antennis, palpisque rufis; pedibus fuscis; alis subhyalinis; squamis albis.

Long. 7 mill. Patria: Illinois (Dr. Reuss).

Stirne auf der oberen Hälfte dunkel grünlich blau, glänzend, auf der unteren Hälfte silberweiss. Mittelstrieme breit, mattschwarz. Untergesicht silberweiss mit schwarzen Reflexen. Backen schwarz, dünn weisslich bestaubt und schwarz behaart. Taster und Fühler roth; das dritte Glied längs des Rückens braun. Körper goldgrün, bläulich schimmernd; die Schwiele unter den Schulterecken braun. Beine rötblichbraun; die Schenkel bläulich schimmernd. Flügel schwach bräunlich. Schuppen weiss.

                                                                Mus. Senckenb.

86. Lucilia luteicornis n. sp. ♂

Coerulea viridis, hypostomate palpisque flavis, antennis luteis; squamis pedibusque fuscis; alis hyalinis, basi fuscatis.

Long. 7 mill. Patria: Venezuela (Grillet).

Stirne gelblich bestaubt mit sammtbrauner Strieme. Augen sich unterhalb der Ocellen berührend. Untergesicht gelb, gelblich weiss bestaubt und behaart. Mundrand mit schwarzen Börstchen besetzt. Taster gelb. Fühler fast safrangelb, der Stiel der Borste gleichfarbig; die Fiedern schwarz. Thorax und Brustseiten mehr grün-, Schildchen und Hinterleib mehr bläulich schimmernd. Schwiele unter den Schulterecken schwarzbraun. Beine schwarzbraun. Flügel glashell, an der Basis gebräunt. Schüppchen schwarzbraunlich. Mus. Senckenb.

Musca segmentaria und putrida F. sowie die Wiedemannischen M. varians, tegularia, bibula, bipuncta und ochricornis gehören zu Lucilia.

Bezüglich M. ochricornis W. bemerke ich noch, dass dieses Thier nicht identisch mit Pyrellia ochricornis Mcq. ist, wie Macquart glaubt.

87. Calliphora croceipalpis n. sp. ♀

Thorace nigro quatrivittato, abdomine coeruleo, albo micante; hypostomate nigro, albo micante; antennis nigris, articulo tertio basi rufo; palpis croceis; squamis fuscis, albo-marginatis.

Long. 9—14 mill. Patria: Massaua (Rüppell).

Nahe verwandt mit C. vomitoria und erythrocephala. Stirne und Untergesicht schwarz mit weissschillernden bindenartigen Flecken. Erstere mit breiter sammtschwarzer Mittelstrieme. Backen schwarz, bläulichweis bestaubt und schwarz behaart. Mundrand und Gesichtsleisten rothbraun. Taster safrangelb. Fühler schwarz, das dritte Glied an der Basis roth. Thorax, Brustseiten und Schildchen schwarz, weisslich bestaubt; ersterer mit vier von der Bestaubung frei bleibenden Striemen. Hinterleib wie bei C. erythrocephala. Beine schwarz. Flügel glashell, an der Wurzel gebraunt; die vordere Querader braun gesaumt. Schwinger braun. Schüppchen braunschwarz, weis gerandet. Mus. Senckenb.

68. Calliphora fuscipennis n. sp. ♂

Hypostomate ferrugineo; thorace fusco, bivittato; pleuris ferrugineis; abdomine chalybeo basi testaceo; antennis luteis; femoribus ferrugineis, tibiis tarsisque fuscis; alis fuscis margine antico nigricantibus.

Long. 10 mill. Patria: Brasilia (Freiyreiss).

Stirne und Untergesicht rothlichgelb, graugelblich bestaubt, erstere mit sammtbrauner Strieme. Die Augen ziemlich breit getrennt. Mundrand schwarz beborstet;
die Backen sparsam schwarz behaart. Fühler safrangelb. Taster gelb. Thorax auf
der Oberseite dunkelbraun, bläulich schimmernd mit zwei durch weisse Bestäubung
gebildeten Längsstriemen. Schulterbeulen und Brustseiten rostgelb mit weissen Reflexen
und schwarzer Beborstung. Schildchen braunlichblau, schwach glänzend. Hinterleib
und Bauch stahlblau, an der Basis bräunlich durchscheinend. Beine dunkelbraun mit
rothgelben Schenkeln. Flügel bräunlich, an der Basis und an der Spitze dunkler; am
Vorderrande von dem Vorderast der ersten Längsader bis zur Mündung des zweiten
ein schwarzbrauner Streifen. Schüppchen braun.

Mus. Senckenb.

69. Mesembrina anomala n. sp. ♂ Taf. 2. Fig. 4.

Thorace griseo, quatrilineato; abdomine coeruleo-nigro, basi testaceo-pellucido;
antennis pedibusque luteis.

Long. 9 mill. Patria: Cuba (Gundlach).

Die Art ist auf den ersten Anblick des Flügelgeäders hin leicht für eine Antho-
myinen-Species zu halten, da die Beugung der vierten Längsader eine äusserst un-
scheinbare ist und kaum zu dieser Benennung berechtigt. Habitus und sonstige Merkmale lassen jedoch die Muscine nicht verkennen.

Stirne und Untergesicht gelblichweiss. Erstere schmal, über den hochgelben Fühlern mit kurzer, sammtbrauner, langdreieckiger Strieme. Backen unten gelb behaart.
Taster gelb. Oberseite des Thorax schwarzlichbraun, dicht grau bestaubt mit vier
Langslinien von der Grundfarbe, deren seitliche etwas breiter, vorn verkurzt und in
der Mitte unterbrochen sind; die mittleren gegen den Hinterrand hin undeutlich wer-
dend. Brustseiten durchscheinend bräunlichgelb, weisslich schimmernd, auf der Mitte
mit einigen dunkleren Flecken; sehr fein rothlichgelb behaart und mit einzelnen grosseren schwarzen Borsten, deren eine Querreihe vor der Flugelwurzel steht. Hinterleib schwarzblau, weiss schimmernd und kurz schwarz behaart; das erste Segment und
die vordere Hälfte des zweiten gelblich durchscheinend; der Hinterrand des ersten sehr
schmal blau gesäumt. Bauch der Oberseite entsprechend. Beine gelb mit zahlreichen
schwarzen Börstchen besetzt; die Tarsen bräunlich. Flügel fast glashell; die Adern
schwach bräunlich gesaumt; Queradern etwas auffallender.

Coll. v. Heyden.

10

90. Onesia bivittata n. sp. ♀

Thorace cyaneo, albo bivittato; abdomine violaceo; hypostomate, autennis, palpisque nigris; pedibus piceis; alis fuscatis.

Long. 8 mill. Patria: Chile (Bayrhoffer).

Stirne und Untergesicht schwarz mit weissen Reflexen. Erstere mit braunschwarzer, breiter, sammtartiger Strieme. Backen schwarz behaart. Fühler und Taster schwarz. Thorax und Schildchen blau, violettschimmernd; ersterer mit zwei durch weisse Bestäubung gebildeten Striemen. Brustseiten blau mit ziemlich langer und dichter schwarzer Behaarung. Hinterleib prachtvoll violett, glanzend. Beine pechbraun, schwarz behaart und beborstet. Flügel gleichmassig schwärzlich getrübt. Schüppchen braun, weisslich gerandet.   Mus. Senckenb.

91. Onesia muscaria n. sp. ♀

Coerulea-viridis; thorace bivittato; scutello coeruleo; hypostomate, antennis, palpisque nigris; pedibus nigris, femoribus coeruleis; alis fuscatis.

Long. 12 mill. Patria: Chile (Bayrhoffer).

Stirne und Untergesicht schwarz, weiss schillernd. Erstere mit breiter, schwarzer Strieme. Backen schwarz behaart. Taster und Fühler schwarz. Thorax auf der Oberseite blaugrün mit zwei durch weissliche Bestäubung gebildeten Langsstriemen. Brustseiten mit weissen Reflexen und schwarzer, ziemlich dichter und langer Behaarung. Schildchen blau. Hinterleib blaugrün, an der Basis violettschimmernd, sehr dicht und kurz schwarz behaart. Beine schwarz; die Schenkel blaulich glanzend. Flügel gleichmassig geschwärzt; die kleine Querader einwärts gebogen. Schüppchen schwärzlich, weiss gerandet.   Mus. Senckenb.

92. Cynomyia Desvoidyi n. sp. ♂

Thorace coeruleo-viride, bivittato; scutello cyaneo; abdomine cyaneo, apice viride; hypostomate, antennis, palpisque nigris; pedibus coeruleo micantibus, tarsis nigris; alis fuscatis.

Long. 17 mill. Patria: Chile (Bayrhoffer).

Stirne und Untergesicht schwarz, weisslich schimmernd; erstere mit schwarzer Strieme. Backen schwarz behaart. Fühler und Taster schwarz. Thorax blaugrün, sehr dicht kurz schwarz behaart, an den Seiten und an den Schulterecken weisslich bestaubt und mit zwei durch weissliche Bestaubung gebildeten Längsstriemen. Brustseiten mehr blau, weisslich bestaubt und dicht schwarz behaart. Schildchen blau, violettschimmernd. Hinterleib ebenso gefärbt, nach der Spitze hin ins Grüne übergehend: schwarz, dicht behaart: die Behaarung gegen den After hin länger. Beine schwarz, die Schenkel und Schienen bläulich glänzend und auf der Unterseite dicht zottig behaart. Flügel gleichmässig schwärzlich getrübt. Schüppchen schwärzlich, weisslich gerandet.   Mus. Senckenb.

93. Sarcophaga octomaculata n. sp. ♀

Atro-coerulea; thorace trivittato; abdomine linea dorsali nigra, maculisque duabus nigris marginis antici segmentorum singulorum; aliis fuscatis quatrimaculatis. basi marginis anticis, squama crocata; antennis pedibusque atris.

Long. 10 mill. Patria: Massaua (Rüppel).

Stirne und Untergesicht sammtschwarz mit gelblichschillernden, bindenartigen Flecken. Erstere mit breiter, etwas matter, schwarzer Strieme. Backen mit bläulichweissen Reflexen und schwarzer Behaarung. Taster schwarzbraun. Fühler schwarz; das dritte Glied um die Hälfte länger als das zweite. Thorax schwarzblau, matt, mit drei undeutlichen schwarzen Längsstriemen, deren mittlere über das schwarzblaue Schildchen fortgesetzt ist. Brustseiten gleichfarbig, schwarz beborstet. Hinterleib schwarzblau, weissschimmernd mit schwarzer Rückenlinie und jederseits zwischen dieser und dem Seitenrand mit einem schwarzen rundlichen Flecken am Vorderrand der Segmente. Beine schwarz, die Hüften und Schenkel bläulich bereift. Flügel getrübt, am Vorderrand und an der Basis brauner, mit vier sammtschwarzen, rundlichen Flecken, deren grösster die kleine Querader umgibt; ein etwas kleinerer, länglicher Fleck säumt die Basis der Spitzenquerader bis zur Biegung derselben und zwei kleine runde umgeben die beiden Endpunkte der hinteren Querader. Die Flügel sind ausserdem ausgezeichnet durch die safrangelbe Färbung des am Vorderrand nächst dem Gelenke gelegenen schwieligen Schüppchens. Erste und dritte Längsader gedornt. Schüppchen wachsweiss.

Nahe verwandt mit S. spilogaster W.

94. Sarcophaga nubica n. sp. ♂

Atro-coerulea; thorace trivittato; abdomine trifariam maculato; antennis pedibus-que nigris; alis hyalinis; vena transversali minore fusco limbata.

Long. 9 mill. Patria: Nubia (Rüppel).

Kopf seidenartig gelblich schillernd mit schwarzen Reflexen. Die obere Hälfte der etwas kurzen Stirne schwarz und letztere ausserdem mit breiter sammtschwarzer Mittelstrieme. Backen schwarz, bläulich schimmernd und schwarz behaart. Taster schwarzbraun. Fühler schwarz; das dritte Glied beinahe von der doppelten Lange des zweiten. Thorax blauschwarz, weisslich bestäubt, wodurch drei blauschwarze Längs-striemen gebildet werden. Brustseiten gleichfarbig, weisslich schillernd und schwarz beborstet. Schildchen blau, in den Ecken weisslich bestäubt. Hinterleib mit weiss-lichen Schillerflecken, wodurch eine blauschwarze Mittellinie und zwei Seitenlinien gebildet werden, welche letztere jedoch nicht immer ganz regelmässig erscheinen (von der Beleuchtung abhängig). After etwas vorstehend, dicht schwarz behaart. Bauch glänzend schwarz. Beine schwarz; die Vorderhüften und Vorderschenkel weissschil-lernd. Hinterschienen nicht zottig behaart, nur beborstet. Flügel glashell mit zwei Randdornen. Erste und dritte Längsader gedornt; die kleine Querader braun gesäumt; Schüppchen bräunlich, breit milchweiss gerandet.

Mus. Senckenh.

95. Baumhaueria leucocephala n. sp. Taf. 2. Fig. 5.

Capite albo; thorace griseo; abdomine nigro, segmento tertio et quarto argenteo, macula dorsali trigona nigra; antennis pedibusque nigris; squamis permagnis niveis.

Long. 4,5 mill. Patria: Aegyptus (Rüppel).

Kopf weiss, nackt, silberschimmernd. In der Breite nach den Fühlern hin abneh-mend. Stirnstrieme schwach gelblich, am Rande mit einzelnen Börstchen besetzt. Un-tergesicht nicht weit unter die Augen herabgehend. Mundrand und Gesichtsleisten mit sehr kurzen Börstchen sparsam besetzt. Taster und Fühler schwarz; das dritte Fühler-glied fünfmal langer als das zweite. Thorax und Schildchen schwarz, dicht weisslich bestäubt und spärlich beborstet. Letzteres am Rande mit einigen längeren Borsten. Brustseiten schwarz mit weissen Reflexen. Hinterleib ziemlich dicht und kurz, schwarz beborstet; das erste und zweite Segment glänzend schwarz; das dritte und vierte silberweiss mit schwarzem, glänzendem Dreieck in der Mitte des Hinterrandes. Bauch glänzend schwarz. Beine schwarz. Flügel glashell mit keinem Randdorn. Erste Hinterrandzelle am Rande sich schliessend. Schüppchen sehr gross, schneeweiss. Die Macrocheten scheinen abgerieben und findet sich nur eine einzige in der Mitte des dritten Segments. Mus. Senckenb.

96. Phorocera sarcophagaeformis n. sp. ♂

Thorace nigro quatrivittato; scutello apice rufescente pellucido; abdomine olivaceo, flavido micante, antennis pedibusque nigris.

Long. 10 mill. Patria: Simen (Ruppell).

Stirne grau mit sammtartiger, braunrother, etwa ein Drittel der Breite einnehmender und in der Mitte etwas verengter Strieme, deren Randborsten auf das Untergesicht herabsteigen. Stirne ausserdem mit zarter, schwarzer Behaarung bedeckt. Untergesicht silberweiss-, in anderer Richtung auch seidengrau schimmernd mit schwarzen Reflexen und an den Gesichtsleisten mit starken Borsten besetzt. Backen schwarz, weissschillernd, dicht schwarz behaart. Fühler schwarz, an der Wurzel bräunlich; das dritte Glied etwa sechsmal so lang als das zweite. Taster schwarzbraun. Thorax schwarz, dicht gelblichweiss bestäubt mit vier schwarzen Langsstriemen. Brustseiten weisslich bestäubt und schwarz behaart und beborstet. Schildchen gelblich bestäubt, auf der hinteren Hälfte rötlich durchscheinend. Hinterleib olivenbraun, weisslich bestäubt und gelblich schillernd; der Hinterrand des dritten Segments und das ganze vierte mit starken Macrocheten besetzt; auf den vorderen Ringen mit Macrocheten am Rande und in der Mitte des Hinterrandes. Bei genauer Betrachtung zeigt sich das zweite Segment an den Seiten rötlich durchschimmernd. Bauch der Oberseite entsprechend. Beine schwarz; die Hüften und Vorderschenkel weissschimmernd. Flügel etwas getrübt, an der Basis gewimpert; die dritte Langsader mit einigen Dornchen besetzt, kein Randdorn. Schuppchen gross; wachsweiss. Mus. Senckenb.

97. Phorocera coerulea n. sp. ♂

Coerulea, thorace bivittato; abdomine scutelloque lateribus fusco pellucidis; antennis palpisque nigris; pedibus nigris, tibiis fuscis; alis hyalinis, basi margineque antico fuscatis.

Long. 9 mill.   Patria: Simen (Rüppell).

Stirne schwarzblau, silberweiss bestäubt, mit schmaler, nach hinten sich verengender, sammtschwarzer Strieme und zarter schwarzer Behaarung; die Borsten auf das Untergesicht übertretend und unterhalb der letzten Borste ein schwarzer, bindenartiger Fleck. Untergesicht grau mit schwarzen und silberweissen Reflexen. Backen schwarzblau, weissschimmernd und schwarz behaart. Fuhler schwarz; das dritte Glied etwa dreimal langer als das zweite. Hinterer Augenrand dicht grau behaart. Thorax oben schwarzblau, ziemlich glänzend, weisslich bestäubt, mit zwei sehr undeutlichen, von von der Bestäubung freibleibenden, schmalen Längsstriemen. Brustseiten blauschwarz, weisslich bestäubt, schwarz behaart und beborstet. Schildchen bräunlich durchscheinend. Hinterleib kurz eiformig, schwarzblau, weisslich bestäubt; ziemlich glänzend mit einer von der Bestäubung frei bleibenden schmalen Ruckenstrieme und an den Seiten der vorderen Segmente bräunlich durchschimmernd. Behaarung schwarz, ziemlich dicht und kurz; die Beborstung wie bei der vorigen Art. Beine schwarz; Schienen braun; Haftlappchen safrangelb. Flugel glashell, an der Basis und am Vorderrande gebräunt; die Borstchen etc. wie bei der letzten Art. Schüppchen wachsweiss.

Mus. Senckenb.

98. Tachina cubaecola n. sp. ♀ (gen?). Taf. 2. Fig. 6.

Nigra; thorace griseo, quatrivittato; abdomine griseo, vitta dorsali nigra, maculisque lateralibus nigris; segmento secundo lateribus fusco pellucido; antennis nigris, articulo tertio basi fusco–rufo; pedibus nigris; palpis ferrugineis.

Long. 6 mill.   Patria: Cuba (Gundlach).

Stirne messingfarbig schimmernd mit sammtbrauner Strieme und einer Reihe schwarzer Borsten. Untergesicht bläulichweiss schimmernd. Fuhler schwarz; das zweite Glied kegelformig; das dritte von mehr als der doppelten Länge des zweiten, gleichbreit, schmal, an der Basis dunkelbraunroth. Taster rothgelb. Thorax grau mit vier schwarzen Langsstriemen und mit schwarzen Borsten besetzt. Schildchen grau. Brustseiten dunkelbraun, auf der Mitte grau; fein schwarz behaart und mit grösseren schwarzen Borsten besetzt. Hinterleib grau mit schmaler schwarzer Rückenlinie und gewöhnlich auf jedem Segment zwischen letzterer und dem Seitenrande mit einem dreieckigen schwarzen Flecken jederseits, dessen Basis auf dem Hinterrand des Rings steht. Bauch nur an der Spitze schwarz, sonst braun; an der Basis gelblich durchscheinend. Beine schwarz; Vorderschenkel bläulichweiss bestäubt. Erste Flügellängsader gedornt. Schüppchen graulichweiss.

Coll. v. Heyden.

99. Exorista fasciata n. sp. ♀

Thorace griseo, quatrivittato; scutello testaceo; abdomine nigro, albo fasciato; linea dorsali nigra; segmento secundo lateribus fusco pellucido; palpis rufis; antennis pedibusque nigris.

Long. 20 mill. Patria: Java (Fritz).

Untergesicht silbergrau. Stirne sehr fein schwärzlich behaart, etwas düsterer gefärbt mit breiter dunkelsammtbrauner Strieme und einer auf die Wangen übertretenden Reihe schwarzer Borsten. Fühler schwarz; das dritte Glied an der Basis rothbräunlich; die Wurzelhälfte der Fühlerborste roth. Taster roth. Hinterkopf dicht grau behaart. Thorax ausser der Beborstung gleichmässig kurz, schwarz behaart; blauschwarz, grau bestäubt; bei auffallendem Lichte mit vier schwarzen Längsstriemen, deren mittlere linienförmig und breit getrennt und deren seitliche etwas breitere, vorn verkürzt und in der Mitte unterbrochen erscheinen. (Bei Beleuchtung von den Seiten zeigen sich dagegen fünf ziemlich breite Striemen). Schildchen gelblich durchscheinend, weisslich schimmernd, dicht und kurz schwarz behaart, am Rande mit starken Borsten besetzt. Hinterleib kurz schwarz behaart, schwarz; die vordere Hälfte des zweiten, dritten und vierten Segments bindenförmig, dicht bläulichweiss bestäubt, jedoch eine schwarze Rückenstrieme frei lassend; zweites Segment an den Seiten bräunlich durchschimmernd. Bauch mit längerer, etwas zottiger, schwarzer Behaarung; die Mittellinie breiter und die weisse Farbung keine Binden, sondern nur Einschnitte bildend. Beine schwarz. Flügel glashell; an der Wurzel bräunlich.

Coll. v. Heyden.

100. Exorista africana n. sp. ♀

Thorace nigro, quatrivittato; scutello testaceo pellucido; abdomine testaceo pellucido, linea dorsali apiceque nigris; tarsis flavis; antennis pedibusque nigris, tibiis testaceis; alis subhyalinis, basi margineque antico flavescentibus; venis flavescentelimbatis; vena transversali apicali basi interrupta.

Long. 10 mill. Patria: Simen (Rüppell).

Stirne und Untergesicht gelblich seidenglänzend. Erstere mit mässig breiter, sammtbrauner Strieme, deren Randborsten auf das Untergesicht übertreten; am Scheitel jederseits mit drei stärkeren, längeren Borsten. Backen dicht schwarz behaart. Eckborste am Mundrande sehr stark; die Börstchen nicht bis zur Hälfte der Gesichtsleisten emporsteigend. Fühler schwarz; das dritte Glied etwa viermal länger als das zweite. Taster gelb. Hinterkopf dicht graugelb behaart, nach dem Scheitel hin mit einem Kranze schwarzer Börstchen. Thorax schwarz, weisslich bestäubt und schwarz beborstet mit vier undeutlichen Längsstriemen. Brustseiten schwarz, weisslich schimmernd, schwarz behaart und beborstet. Schildchen durchscheinend, gelblich; schwarz behaart; jederseits mit drei stärkeren Borsten besetzt. Hinterleib eiformig, durchscheinend, gelblich mit schwarzer, auf dem ersten Segment erweiterter Ruckenstrieme. Das vierte Segment und der Hinterrand des dritten ebenfalls schwarz; die schwarzen Parthieen gelblichweiss schillernd, und in ganzer Ausdehnung mit Macrocheten besetzt. Hinterleib ausserdem ziemlich dicht mit feiner schwarzer Behaarung versehen. Auf der Bauchseite ist die Mittelstrieme nur durch einen schmalen, bräunlichen Streifen angedeutet; Spitze wie an der Oberseite. Beine schwarz; die Schienen gelbbräunlich. Flügel fast glashell, am Vorderrande und an der Basis gelblich; die Adern gelblich gesäumt. Spitzenquerader an der Wurzelhälfte unterbrochen; Basis der dritten Langsader mit zwei Dörnchen besetzt; Flügelbasis gewimpert. Schüppchen gelblich.

Mus. Senckenb.

101. Exorista Bigoti n. sp. ♀

Thorace nigro, quatrivittato; scutello testaceo pellucido, basi nigro; abdomine nigro, orichalceo-fasciato; palpis fuscis, apice flavidis; antennis nigris; pedibus piceis.

Long. 8 mill. Patria: Simen (Rüppell).

Stirne gelblichschimmernd mit gleichbreiter sammtbrauner Strieme; die Borsten auf dem Untergesicht herabsteigend. Untergesicht wenig unter die Augen herabgehend, grau mit schwarzen und weissen Reflexen. Oberhalb der grossen Mundborste nur wenige kleine Börstchen. Fühler schwarz; das dritte Glied etwa fünfmal länger als das zweite. Taster braun, an der kolbigen Spitze gelb. Hinterkopf dicht grau behaart· Thorax schwarz, gelblich bestäubt mit vier nicht sehr deutlichen Striemen. Brustseiten weiss-schimmernd, schwarz behaart und beborstet. Schildchen gelblich durchscheinend, an der Basis schwarz, schwarz behaart und jederseits mit drei stärkeren Stachelborsten. Hinterleib hinten zugespitzt, schwarz, kurz schwarz behaart; die vordere Hälfte der Segmente mit messinggelb schimmernden Binden, welche bei genauer Betrachtung eine schwärzliche Mittellinie frei lassen. Erstes und zweites Segment am Rande und in der Mitte des Hinterrandes mit je zwei Macrocheten; der Hinterrand des dritten ganz mit solchen besetzt; das vierte oben und unten lang behaart und beborstet. Bauch schwarz, grau bestäubt. Beine pechschwarz; die Hüften and Vorderschienen grau bestäubt. Flügel fast glashell, schwach gebräunt. Basis des Vorderrandes gewimpert; die der dritten Längsader mit drei Börstchen besetzt. Schüppchen gelb.

Mus. Senckenb.

Bei vorliegendem Exemplar hat die vierte Längsader auf dem „einen" Flügel einen Aderfortsatz. Es scheint mir dieses Merkmal überhaupt zur Begrenzung der Gattungen in dieser Gruppe nicht besonders brauchbar, da mir das angeführte Verhältniss schon mehrfach vor Augen gewesen ist.

102. Nemoraea arachnoidea n. sp. ♀ (gen?) Taf. 2. Fig. 7.

Thorace nigro; scutello nigro, albido marginato; abdomine flavescente pellucido, fusco maculato; hypostomate nigro, fusco-bolosericeo; antennis rufis, articulo tertio fusco; palpis fuscis; pedibus nigris; alis hyalinis.

Long. 9 mill. Patria: Simen (Rüppell).

Stirne und Untergesicht schwarz matt, weisslich bestäubt und sehr kurz und dicht schwarzbraun behaart. Stirne sehr breit mit brauner, aber verhältnissmässig schmaler, sammtartiger Strieme. Borsten nicht auf das Untergesicht herabgehend. Erstes und zweites Fühlerglied roth; das dritte schwarzbraun, viel länger als das zweite. Backen mit einem Quereindruck, weit unter die Augen herabgehend. Taster schwarzbraun.

11

Thorax und Schildchen einfarbig, sammtschwarz, kurz schwarz behaart; das letztere am Rande breit weisslich bereift. Brustseiten weisslich bestäubt und schwarz behaart. Hinterleib kurz, rund, gelblich durchscheinend, auf den gelblichen Parthieen weissschimmernd mit matten schwarzbraunen Flecken von folgender Anordnung. Das erste und zweite Segment sind in der Mitte ganz schwarzbraun; die Flecken an den Seiten gerundet; der des zweiten Segments etwas schmäler und zieht sich über beide eine sehr schmale, aber undeutliche Ruckenlinie, welche diese Mittelflecken in zwei Theile theilt, deren jeder auf dem zweiten Segment von annähernd runder Form ist. Die Flecken sind auch auf dem dritten Segment lang und schmal und ebenfalls durch die fortgesetzte Mittellinie getheilt, wogegen das vierte Segment in der Mitte nur einen schwarzen, ungetheilten Langsfleck zeigt. Am Hinterrande jedes Segments befindet sich ausserdem zwischen dem Mittelflecken und dem Seitenrand ein kleiner brauner halbrunder Fleck. Bauch gelblich durchscheinend, weisslich bereift mit schwärzlich schmaler Mittellinie. Der ganze Hinterleib ist mit kurzen schwarzen Bürstchen und Härchen besetzt, welche am letzten Segment länger sind. Eigentliche Macrocheten fehlen. Am Seitenrand der Segmente sowie auch am After sehe ich zwar einzelne etwas langere Borsten, allein auf die Benennung Macrocheten durften dieselben keinen Anspruch haben. Beine schwarz. Flügel glashell. Schüppchen wachsweiss.

Mus. Senckenb.

103. Demoticus Ratzeburgii n. sp. ♀

Coeruleo niger; thorace albo-lineato, abdomine trifariam albido maculato; apice luteo; antennis luteis, articulo tertio nigro; pedibus nigris.

Long. 8 mill. Patria: Chile (Bayrhoffer).

Stirne und Seiten des Untergesichts weissschimmernd, mit schwarzen, sammtartige Flecken bildenden Reflexen. Stirne mit sammtbrauner, in der Mitte schmälerer Strieme und doppelter Borstenreihe; die Borsten auf das Untergesicht herabgehend. Ausserdem stehen einige grössere und kleinere schwarze Borsten an der unteren Grenze der schwarzen Farbung längs des vorderen Augenrandes. Backen, Mitte des Untergesichts und Mundrand rothgelb; die Backen nach hinten weissschimmernd. Russel lang. Erstes und zweites Fühlerglied rothgelb, das dritte nicht ganz doppelt so lang als das zweite, schwarz, fast beilförmig. Thorax blauschwarz, weisslich bereift mit vier frei bleibenden Langsstriemen. Schulterbeule gelblich bestäubt. Schildchen schwarz mit zwei seitlichen weisslichen Längsstriemchen. Brustseiten schwarz, schwarz behaart und beborstet; die Beule vor der Flügelwurzel mit gelblichem Schillerfleck. Hinterleib eiförmig, schwarzblau mit drei Reihen gelblich schimmernder, die vordere Hälfte der Segmente einnehmender rundlicher Flecken und zwar mit einer Mittelreihe und je einer Reihe am Seitenrande. Hintere Hälfte des vierten Segments rothgelb, die Farben scharf getrennt. Auf der Bauchseite ist die Mittellinie frei, dagegen sind die seitlichen Reihen vorhanden. Beine schwarz. Flügel schwärzlich getrübt; die Adern gelblich.

Mus. Senckenb.

104. Micropalpus rufipes n. sp. ♀

Thorace flavido griseo, quatrivittato; scutello fusco; abdomine rufo, setoso; linea dorsali maculis nigris, incisuris fuscis; antennarum articulo primo et secundo fusco-rufis, tertio nigro; pedibus crocatis; alis nigris.

Long. 14 mill. Patria: Panama (Stentz).

Stirne schwarz, weisslich schimmernd, fein schwärzlich behaart mit einer breiten sammtbraunen Strieme und doppelter Borstenreihe. Untergesicht goldgelb; die Backen dicht goldgelb behaart. Erstes und zweites Fühlerglied rothbraun, das dritte schwarz. Thorax schwarz, gelblich grau bestäubt, mit vier schwarzen Längsstriemen, deren mittlere breit getrennt und linienformig, und deren äussere breiter, vorn verkürzt und in der Mitte unterbrochen sind; ausser der starken Beborstung der Ränder dicht aber kurz schwarz behaart. Brustseiten rothbraun, gelb bestäubt und schwarz behaart. Schildchen dunkel rothbraun, stark schwarz beborstet. Hinterleib roth mit braunen Einschnitten, kurz schwarz behaart und auffallend stark mit schwarzen Macrocheten besetzt. Erstes Segment in der Mitte schwarz; das zweite und dritte daselbst mit grossem, die ganze Länge einnehmendem rundem schwarzem Fleck und das vierte mit gleichfarbigem Längsfleck, wodurch eine schwarze Mittellinie gebildet wird. Bauch mit gleichbreiter schwarzer, mit starken Macrocheten besetzter Mittelstrieme. Hüften und Beine safranfarbig, die Schenkel und Schienen schwarz-, die Tarsen gelb behaart und beborstet; die Beborstung der Mittelschienen auffallend lang. Flügel schwarz mit stark kupferrothem Schimmer.

Coll. v. Heyden.

105. Micropalpus albomaculatus n. sp. ♀

Thorace flavido cinereo; abdomine coeruleo nigro, segmento quarto macula alba; pedibus rufis.

Long. 11 mill. Patria: Mejico.

Augen nackt. Stirne schwärzlich mit breiter rostrother Strieme. Untergesicht gelblich, seidenglanzend. Bart gelb. Fühler rothgelb, das dritte Glied dunkelbraun, an der Basis röthlich. Oberseite des Thorax graugelb bestäubt, schwarz beborstet mit vier linienförmigen dunkeln Striemen, deren seitliche vorn und deren mittlere hinten verkürzt sind. Brustseiten schwarz, vorn graugelb bestäubt und schwarz beborstet. Hinterleib glänzend schwarzblau, am Vorderrande des vierten Segments mit einem durch dichte kreideweissliche Bestäubung gebildeten fast viereckigen Fleck, welcher gerade nach hinten und entlang des Vorderrandes des Segments linienförmige Fortsätze ausstrahlt, deren seitliche zuweilen unterbrochen sind. Langs der Mitte des Bauches machen sich weissschillerade Flecken bemerkbar. Beine roth, Schenkel und Schienen schwarz beborstet. Flügel rothlichbräunlich mit kupferfarbigen Reflexen. Ein ♂ welches sich durch schwarze Schenkel und einen nur kaum bemerkbaren Fleck am vierten Segment unterscheidet, sonst aber vollkommen mit den beschriebenen ♀ übereinstimmt, dürfte vielleicht ebenfalls hierher gehören.

Mus. Darmst.

106. Micropalpus pallidus n. sp. ♀

Thorace flavido nigro lineato; scutello testaceo pellucido; abdomine testaceo pellucido, albido fasciato, lineaque dorsali nigra; antennis nigro fuscis, pedibus testaceis tarsis nigris.

Long. 11 mill. Patria: Abyssinia (Rüppell).

Untergesicht gelblichweiss, seidenartig schimmernd. Stirne mehr gelblich mit doppelter Borstenreihe und breiter gelber sammtartiger Strieme. Fühler schwarzbraun; das dritte Glied um die Hälfte länger als das zweite. Backen weisslich behaart. Hinterkopf mit dichter weisslicher Behaarung; nach dem Scheitel hin mit einem Kranze schwarzer Borstchen. Thorax gelb mit vier schwarzbraunen Längsstreifen und ausser der Beborstung mit feiner, weisslicher, kurzer Behaarung bedeckt. Brustseiten gelb mit weisslichem Schimmer, weisslich behaart und schwarz beborstet. Schildchen gelblich durchscheinend, schwarz beborstet. Hinterleib gelblich durchscheinend, gegen die Spitze etwas dunkler, schwarz beborstet mit ziemlich breiter schwarzer Mittelstrieme und an der vorderen Hälfte bindenartig weissschimmernden Segmentes. Bauch der Oberseite entsprechend, die Mittelstrieme jedoch nur angedeutet. Beine gelb mit schwarzen Tarsen; Schenkel seidenartig weissschimmernd. Flügel glashell.

Mus. Senckenb.

108. Micropalpus longirostris n. sp. ♀

Testaceus; thorace griseo, trivittato; abdomine flavido pellucido, linea dorsali nigra; pedibus ferrugineis; alis fuscatis, basi flavis.

Long. 10 mill. Patria: Simen (Rüppell).

Stirne bräunlich gelb mit gelber, sammtartiger Strieme. Untergesicht seidenschimmernd, gelblich, nackt; die Backen nach hinten mit dichter gelblicher seidenglänzender Behaarung. Erstes Fühlerglied gelb. (Die weiteren fehlen.) Rüssel sehr lang, doppelt so lang als der Kopf. Taster gelb, sehr klein. Thorax röthlichgelb; die Oberseite grau mit drei schwarzen Längsstriemen; die Seiten und der Hinterrand gelb. Schildchen gelblich durchscheinend. Brustseiten gelb behaart und schwarz beborstet. Hinterleib auf der Bauchseite gelblich durchscheinend; auf der Oberseite etwas röthlicher; besonders an den letzten Segmenten, mit schwarzer, schmaler, an den Rändern der Segmente etwas unterbrochener Rückenstrieme. Vorderrand der Ringe wie das ganze vierte Segment seidenartig gelb schillernd. Hüften und Beine rostgelb, schwarz beborstet, die Hüften gelb behaart. Flügel gelbbräunlich getrübt mit rostgelber Basis. Schüppchen gelblich.

Mus. Senckenb.

108. Echinomyia Costae n. sp. ♀

Thorace scutelloque nigro; abdomine ferrugineo pellucido apice nigro; linea dorsali nigra; antennis pedibusque nigris, tibiis testaceis; alis fuscatis, basi ferruginea.

Long. 16 mill. Patria: Simen (Rüppell).

Stirne und Untergesicht seidenartig gelblich; die Stirne dunkler mit sammtschwarzer nach hinten verschmälerter Strieme; der ganze Kopf ziemlich dicht mit kurzer nach unten längerer und dichterer feiner blassgelber Behaarung bedeckt. Mundrand, unterer Theil der Gesichtsleisten und Quereindruck über den Backen röthlichgelb. Taster gelb, fadenformig. Fühler schwarz. Hinterkopf sehr dicht gelb behaart. Thorax und und Schildchen schwarz; Brustseiten in der Mitte gelblich schimmernd; die Beule vor der Flügelwurzel gelb behaart. Hinterleib rothgelb, durchscheinend, fein schwarz behaart mit breiter schwarzer Strieme; das letzte Segment und der Hinterrand des dritten benfalls schwarz; das letztere ausser der Beborstung gelb behaart. Bauch ohne Mittelstrieme, mit längerer, gelblicher Behaarung; das dritte Segment nur an den Seiten schwarz und in der Mitte mit einem rundlichen, dreieckigen Ausschnitt. Beine schwarz, die Schienen gelb, dicht blassgelb bestäubt. Schenkel und Hüften ausser der schwarzen Beborstung mit längerer gelber Behaarung an der Unterseite. Flügel an der vorderen Wurzelhälfte rostgelb, längs des Hinterrandes und an der Spitze braun. Schüppchen gelb. Mus. Senckenb.

109. Jurinea flavifrons n. sp. ♀

Coeruleo nigra; capito flavo; alis fuscatis.

Long. 13 mill. Patria: Mejico.

Kopf gelb, bei einem Stücke mit goldglänzendem Untergesicht. Stirne mit breiter rostgelber Strieme. Bart seidenartig, gelb. Mundrand mit einer Reihe schwarzer Börstchen. Erstes und zweites Fühlerglied rostgelb, das dritte schwarzbraun mit rostrother Wurzel. Taster rothgelb. Hinterkopf gelb bestäubt. Körper durchaus schwarzblau; der Thorax (nicht abgerieben) vorn mit Spuren graulicher Bestäubung und Striemen. Hinterleib und Bauch stark glänzend. Beine ebenfalls blauschwarz. Flügel schwärzlich getrübt. Mus. Darmst.

110. Jurinea apicalis n. sp. ♂ & ♀.

. Thorace nigro; abdomine ferrugineo basi apiceque nigro, alis fuscatis.

Long. 11 mill. Patria: Mejico.

Stirne schwärzlich, gelblichweiss bestäubt mit rother Strieme. Untergesicht gelblichweiss, seidenglänzend. Taster gelb, schwarz behaart. Bart gelb. Fühler schwarz;

— 83 —

das erste und zweite Glied oft mehr oder weniger rothbräunlich. Thorax schwarzgrau bestäubt, am Vorderrande mit den Anfängen dreier, dicht bei einander stehender
Striemen; die Seiten und der Hinterrand schmal rothgelb. Brustseiten schwarzbraun
mit graulichem Schimmer. Schildchen rothgelb stark schwarz bedornt. Hinterleib rothgelb; das erste Segment in der Mitte, das dritte am Hinterrande jederseits der Mitte
und das vierte ganz schwarz; letzteres durchaus stark beborstet. After rothlich. Bauch
der Oberseite entsprechend. Beine schwarz mit braunen Schienen. Flugel rothbraun-
lich.   Mus. Darmst.

111. Jurinea fuscipennis n. sp. ♀

Thorace nigro coeruleo, basi obsolete vittato; scutello rufo; abdomine rufo; coeruleo micante, lineaque dorsali nigra obsoleta; antennarum articulo primo et secundo
rufo, tertio nigro: palpis luteis; pedibus piceis: alis fuscis.

Long. 14,5 mill.   Patria: America bor. (Bruch).

Untergesicht weissschimmernd; am Augenrande und an den Backen mit einzelnen
kurzen schwarzen Härchen besetzt. Stirne fein schwarz behaart, gelblich, nach oben
dunkler mit breiter rinnenförmiger brauner Strieme und einer doppelten Reihe auf die
Wangen übertretender schwarzer Borsten. Erstes und zweites Fuhlerglied roth, letzteres mit längeren schwarzen Borstchen besetzt; das dritte Glied lang eiformig schwarz.
Taster gelb mit schwarzen Börstchen besetzt. Hinterkopf dicht gelbgrau behaart: in
der Nähe des Scheitels mit einem Kranze schwarzer Borsten. Thorax blauschwarz,
glänzend, schwarz behaart und beborstet; am Vorderrande weisslich bestäubt, mit den
Anfängen dreier linienformiger Längsstriemen in der Mitte des Vorderrandes. Brustseiten schwarzbraun, schwarz behaart und beborstet. Schildchen braunroth mit blau-
lichem Schimmer, dicht und kurz schwarz behaart, am Hinterrand schwarz beborstet.
Hinterrand braunroth, bläulich schimmernd, dicht, kurz schwarz behaart mit einer schwarzen, jedoch nur auf dem ersten und zweiten Segment deutlichen, Mittelstrieme. Am
Hinterrand des zweiten Segments nahe der Mitte zwei Macrocheten; eine Reihe solcher
am Hinterrande des dritten und mehrere Reihen um den After. Bauch am After sehr
dicht beborstet mit dunkler, mit Macrocheten besetzter Mittellinie und gelbbestäubtem
Hinterrande des ersten und zweiten Segments. Beine pechschwarz, die Tarsen dunkler.
Flugel gleichmassig braun.   Coll. v. Heyden.

— 84 —

112. Archytas n. gen.[1]) Taf. 2. Figur 8.

Steht der Gattung Echinomyia nahe, unterscheidet sich aber von dieser besonders durch den nadelförmigen Rüssel. Kopf gross und breit, etwas breiter als der Thorax. Hinterkopf gepolstert. Untergesicht senkrecht mit aufgeworfenem Mundrande, breiten Wangen und Backen. Stirne breit mit doppelter Macrochetenreihe, welche etwas auf das Untergesicht übertritt. Untergesichtsleisten ungewimpert. Mundrand an den Seiten beborstet. Augen nackt. Fühler nickend; kurzer als das Gesicht. Erstes Glied kurz; das zweite stark verlängert; das dritte ziemlich breit, vorn convex, fast so lang als das zweite. Borste dreigliedrig; das erste Glied sehr kurz; das zweite viel langer. Rüssel bis zur Biegung von gewöhnlicher Bildung, von der Biegung an nadelförmig, in eine feine Spitze endend. Taster lang, an der Spitze kolbig verdickt. Hinterleib eiförmig, schwächer gewölbt als bei Echinomyia, kaum breiter als der Thorax. Erster Ring verkürzt. Macrocheten am Rande der Ringe; am letzten Segment auch auf der Mitte. Beine ziemlich lang. Flügel ohne Randdorn. Flügelgeader wie bei Echinomya, die vierte Längsader nach der Beugung jedoch mit kurzem Aderanhang.

113. Archytas bicolor n. sp. ♀ Taf. 2. Fig. 8.

Thorace flavido cinereo, quatrilineato; scutello abdomineque testaceo pellucidis; pedibus nigris.

Long. 12 mill. Patria: Venezuela (Grillet).

Stirne und Untergesicht gelblich, seidenartig schimmernd. Erstere etwas grauer mit röthlicher, nicht sehr breiter, matter Strieme. Untergesicht mit kurzen gelblichen Härchen sparsam besetzt. Taster gelb. Erstes und zweites Fühlerglied gelb; das dritte braunschwarz. Thorax auf der Oberseite schwärzlich, dicht gelb bestäubt mit vier schmalen Langsstriemen, deren seitliche vorn verkürzt sind und zahlreichen, starken, nach hinten geneigten, kurzen Stachelborsten. Brustseiten gelblich bestäubt, schwarz beborstet und gelblich behaart. Schildchen gelb durchscheinend, schwarz behaart, jederseits mit zwei starkereren längeren Stachelborsten. Hinterleib gelb durchscheinend, mit

---

[1]) Freund Flaten. Cic. Tusc. 4. 36.

kurzen schwarzen Härchen dicht besetzt. Vertheilung der Macrocheten wie oben angegeben. Beine schwarz, schwarz beborstet. Flügel stark getrübt; an der Basis und am Vorderrande gelb; die Adern gelb gesäumt. Schüppchen gelblich.

Mus. Senckenb.

114. Dejeania variabilis n. sp. ♀ Taf. 2. Fig. 9.

Flavescens; thorace griseo; abdomine testaceo pellucido, nigro maculato, apice rufo; antennis ferrugineis.

Long. 8—15 mill. Patria: Simen (Ruppell).

Untergesicht gelb, seidenglänzend; die Stirne etwas röthlicher mit breiter, rothgelber, sammtartiger Strieme. Taster gelb, schwarz behaart. Fühler rothlichgelb mit dunklerem drittem Gliede; jedoch variirt die Fühlerfarbung zwischen blassgelb und rothgelb; das dritte Glied ist jedoch in der Regel dunkler. Thorax röthlichgelb; auf der Oberseite dunkelgrau, gelbbestaubt, ungestriemt; an den Rändern gelb; ausser der schwarzen Beborstung kurz schwarz behaart. Brustseiten gelb, weisslich schimmernd, sparsam gelblich behaart, und schwarz beborstet. Schildchen gelblich durchscheinend, stark beborstet. Hinterleib durchscheinend gelb, die letzte Hälfte des vierten Segments roth. Die schwarzen Flecken sind wie folgt geordnet. Das erste Segment ist in der Mitte ganz schwarz. Am zweiten Segment befindet sich am Vorderrand in der Mitte und am Hinterrand an den Seiten je ein kleiner rundlicher schwarzer Fleck. In derselben Weise, aber viel stärker treten die Flecken am dritten Segment auf, während das vierte nur in der Mitte des Vorderrandes einen Fleck zeigt, welcher der grösste ist. Derselbe ist kreisrund mit einem nach hinten gehenden schmaleren Fortsatz, welcher bis in die Mitte der rothen Farbung reicht. Auch in Bezug auf diese Flecken ist die Art veränderlich und finden sich Exemplare, bei welchen die Seitenflecken fehlen. Der Bauch ist nur an der Spitze schwärzlich, sonst gelb durchscheinend und zeigt in der Mitte des Hinterrandes des ersten und zweiten Segments eine dichte Reihe Macrocheten, deren äussere am längsten sind. Beine blass- bis rothgelb, schwarz beborstet; die Hüften und die Unterseite der Schenkel gelblich behaart. Flügel mehr oder weniger gebräunt, bei einem Exemplar fast glashell, an der Basis und am Vorderrande gelb. Schüppchen gelblich.

Mus. Senckenb.

115. Dejeania striata n. sp. ♀

Flavescens; thorace griseo quatrivittato; abdomine testaceo pellucido, nigro maculato, segmento quarto rufo; antennis ferrugineis, articulo tertio fusco.

Long. 9 mill. Patria: Simen (Rüppell).

Der vorigen Art sehr ähnlich und leicht mit ihr zu verwechslen, doch in Folgendem gut unterschieden.

Das dritte Fühlerglied ist schwarzbraun. Der Thorax zeigt vier deutliche dunklere Längsstreifen, wovon selbst ganz reine Stücke der vorigen Art keine Spur zeigen. Das zweite und dritte Segment haben die Mittelflecken am Hinterrande und der des dritten Segments ist seitlich so ausgebreitet, dass er mit den Seitenflecken fast zusammenhängt. Das vierte Segment ist ganz roth und findet sich nur eine Andeutung eines schwarzen Fleckens, wogegen sich in jeder Vorderecke desselben ein goldschillernder Fleck bemerklich macht. Der Bauch zeigt die Macrochetenkämme der vorigen Art in der Mitte des Hinterrandes des ersten und zweiten Segments nicht; dagegen ist die Mitte des zweiten Segments in grösserer Ausdehnung schwarzbraun gefärbt, welche Farbe auch das letzte Segment, sowie der Hinterrand des dritten zeigen.

Mus. Senckenb.

116. Dejeania rutilioides n. sp. ♀

Thorace nigro, lateribus flavo; abdomine flavo, nigro spinoso. maculis tribus nigris; antennis pedibusque nigris.

Long. 10 mill. Patria: Mejico.

Diese Art bildet durch das in der Mitte stark eingekerbte letzte Segment einen Uebergang zu den Rutilia-Arten.

Stirne schwarz mit breiter dunkelbraunrother Strieme. Untergesicht grau schimmernd, am Mundrande gelblich. Bart weisslich. Fühler schwarz mit nackter Borste. Thorax oben schwarz, an den Seiten und am Hinterrande gelb; die hintere Seite des Schwarzen mit viereckigem Ausschnitt. Hinterleib sehr breit, etwas flach und am After eingekerbt, am Hinterrande der drei ersten Segmente mit rundem, schwarzem, stark bedorntem Fleck, um welchen sich auf dem zweiten und dritten Segment die

— 87 —

Dornenreihe des Hinterrandes herumzieht. Bauch gelb mit breiter glänzend schwarz-
blauer, stark bedornter Mittelstrieme. After gelb. Beine schwarz. Flügel schwärzlich.

Mus. Darmst.

Sarcophaga phoenicurus W. gehört zu Metopia.

Tachina obsidiana W.	„ „ Phyto R. D. (?)
„ mutata F.	„ „ Rhinophora R. D. (?)
„ singularis W.	„ „ Siphona Mg.
„ Isis W.	„ „ Fabricia Mg.
„ brina W.	
„ xanthaspis W.	„ „ Masicera Mcq.
„ pyrrhocera W.	
Musca hauriens W.	„ „ Meigenia R. D.
Tachina macilenta W.	
„ pyrrhopyga W.	
„ notata W.	„ „ Exorista Mcq.
„ socia W.	
„ nitens W.	„ „ Micropalpus.
„ melanopyga W.	„ „ Belvosia.
„ analis F.	„ „ Echinomyia.

Syphidae.

117. Volucella Maximiliani n. sp. ♂ & ♀

Thoraco nigro, lateribus margineque postico brunneo; scutello brunneo, rufo pellucido; abdomine cupreo violaceo rufo pellucido; alis hyalinis, basi fuscis.

Long. 15 mill. Patria: Mejico.

Stirne, Untergesicht und Fühler kastanienbraun; die ersteren und die Augen blassgelblich behaart, das Untergesicht jedoch dichter. Mundrand schwarz. Stirne des ♂
in der Mitte mit einer Längsfurche, welche beim ♀ nur schwach angedeutet ist; dagegen zeigt letzteres jederseits nächst des Augenrandes einen tiefen halbmondförmigen

12*

Längseindrnck. Oberseite des Thorax schwarz glanzend; die Seiten, ein halbmond-
förmiger Querfleck am Hinterrande und das Schildchen dunkel rothbraun durchscheinend. Vorderhälfte der Thorax mit kurzer gelblicher, die Hinterhälfte mit kurzer
schwarzer Behaarung. Brustseiten schwarzbraun, schwarz behaart. Hinterleib kupfer-
farbig, violettschimmernd, metallglänzend; rothbraun durchscheinend. Die drei ersten
Segmente sind ziemlich dicht und kurz schwarz behaart; das vierte trägt längere,
lockere gleichfarbige Behaarung. Am Bauch ist die schwarze Behaarung eine gleichmässig kurze. Beine dunkel schwarzbraun, schwarz behaart; die Schenkel schwach
bläulich metallglänzend. Flügel glashell, an der Basis und am Vorderrande bis zur
kleinen Querader hin, und von dieser nach dem Rande hin scharf abgeschnitten, dunkel
kastanienbraun; die die hintere Basalzelle begrenzenden Adern ebenfalls noch dunkel
gesäumt, das Innere der Zelle jedoch ziemlich hell. Vorderrandzelle orangegelb, und
zwar nachst der Grenze der kastanienbraunen Farbe intensiver.

Mus. Darmst.

118. Volucella mellea n. sp. ♂ & ♀

Thorace aeneo, trivittato, lateribus margineque postico testaceo-pellucido. Abdomine melleo, basi macula nigra; segmentis tertio et quarto nigro-punctatis.

Long. 8—10 mill. Patria: Mejico.

Stirne und Untergesicht gelb; ersteres mit kurzer schwarzer, letzteres mit noch
kürzerer gelblicher Behaarung. Mundrand und Backen glanzend schwarz. Fühler rostroth. Augen gelblich behaart. Oberseite des Thorax erzgrunlich glanzend mit dichter,
sehr kurzer gelblicher und etwas längerer schwarzbrauner Behaarung, durch welche
drei hellere Längsstriemen gebildet werden, deren mittlere sehr schmal ist. Die Seiten
und ein viereckiger Ausschnitt vor dem Schildchen sind gelblich durchscheinend und
steht in jedem Vorderecke des Ausschnittes ein citrongelbes, undurchsichtiges, ziemlich
auffallendes Fleckchen. Brustseiten schwarz, schwarzbraun behaart. Schildchen gelblich durchscheinend mit fuchsrother Behaarung und am Hinterrande mit längeren schwarzen
Borsten besetzt. Hinterleib honiggelb, an der Basis durchscheinend und durchaus sehr
kurz fuchsrothlich behaart. Erstes Segment mehr oder weniger schwarz, beim ♂ ganz
schwarz, während an der Basis des zweiten sich ein schwarzer dreieckiger Fleck befindet, welcher beim ♂ grösser als beim ♀ ist. Auf dem dritten Segment zeigen sich
jederseits einige punkt- oder auch linienformige schwarze Fleckchen und ist der Hinter-

rand linienförmig schwarz gesäumt. Das vierte Segment zeigt auf der Mitte acht punktartige Fleckchen in einer Stellung, welche lebhaft an die Augen der Spinnen erinnert und sind die mittleren nicht selten zusammengeflossen, so dass die gebildete Figur der Augenstellung bei Segestria sehr nahe kommt. After schwarz. Bauchseite gelblich durchscheinend, an der Basis und am After in grosserer Ausdehnung glanzend schwarz. Schenkel und Schienen schwarz mit breit gelbrothen Knieen. Tarsen gelbroth, die beiden Endglieder schwarz. Flugel getrubt, am Vorderrande gelblich, die Adern schwarzbraun gesäumt.   Mus. Darmst.

119. Volucella Haagii n. sp. ♀

Thorace aeneo, bivittato; lateribus margineque antico flavido pellucido; abdomine flavo micante, fasciis duabus ex pilis nigris, basi apiceque nigro; rostro elongato.

Long. 12 mill. Patria: Mejico.

Stirne und Untergesicht gelbbraunlich mit silbergrauem Schimmer, erstere mit langerer, letzteres mit kurzer schwarzer Behaarung. Mundrand und Backen gelblich durchscheinend. Fubler rostbraunlich mit schwarzer Fühlerborste. Untergesicht schnabelartig vorgezogen. Russel weit vorstehend, von doppelter Länge des Untergesichts. Augen hellgrau behaart. Hinterkopf hellgrau bestaubt und behaart. Oberseite des Thorax erzgrün glanzend, dicht mit anliegender, kurzer weisslicher und etwas langerer, dunner stehender, schwarzbraunlicher Behaarung bedeckt. Diese Behaarung bildet auf der Mitte zwei schmale Striemen, welche jedoch nur am Vorderrande deutlich auftreten. Der Seitenrand und ein viereckiger Ausschnitt am Hinterrande gelblich durchscheinend. Brustseiten glanzend schwarz, weisslich behaart. Schildchen gelblich durchscheinend, weisslich behaart, am Hinterrande mit langeren schwarzen Borsten besetzt. Hinterleib glanzend braunlichgelb; erstes Segment schwarzlich; am Vorderrande des zweiten in der Mitte ein kleiner schwarzer Fleck und am Hinterrande dieses und des dritten je eine breite, durch dichte, kurze, schwarze Behaarung gebildete, schwarzliche Binde. Das fünfte Segment und ein grosser damit zusammenhangender halbrunder Ausschnitt des vierten glanzend schwarz und schwarz behaart. Alle gelben Stellen sind gelb behaart. Bauch hellgelb, das erste, vierte und fünfte Segment schwarz. Beine schwarz mit gelben Knieen und braunen Tarsen. Flügel glashell, die Queradern auf der Mitte und das Ende der Randzelle schwarzbraun gesaumt, mit gleichfarbigem Randmalfleck.

Mus. Darmst.

Volucella obesa F. befindet sich ebenfalls unter den mir vorliegenden mejicanischen Dipteren.

120. Syrphus octoguttatus n. sp. ♂

Thorace aeneo, flavo marginato; scutello rufescente; abdomine nigro, flavo mar-. ginato, seriebus duabus e maculis flavis margini laterali contiguis; ano flavo; pedibus flavis.

Long. 5 mill. Patria: Chile (Bayrhoffer).

Stirne und Untergesicht gelb glänzend und glatt; letzteres mit sehr stark entwickeltem Höcker. Erstes und zweites Fühlerglied gelb; das dritte fehlt. Scheitel schwärzlich. Thorax auf der Oberseite erzgrün, glänzend, nackt mit gelbem Seitenrand. Schildchen stark entwickelt, rothgelb. Brustseiten erzgrün, nach hinten mehr stahlblau; stark glänzend und nackt; Hinterleib schwarz, fast gleichbreit mit sehr schmalem, gelbem, linienförmigem Seitenrand und mit zwei Reihen kleiner, runder punktartiger gelber Flecken, welche eine Rückenlinie frei lassen und durch sehr schmale Linien mit dem Seitenrand verbunden sind; auf dem zweiten Segment ist diese Verbindung unterbrochen. After und Bauch gelb. Beine gelb; die Tarsen der Hinterbeine schwarz. Flügel gebräunt mit dunklerem Randmal.

Mus. Senckenb.

121. Syrphus hecticus n. sp. ♀

Thorace aeneo, flavo marginato, vittis tribus caesiis; scutello flavo pellucido; abdomine brunneo, flavo signato; pedibus flavis.

Long. 10 mill. Patria: Illinois (Dr. Reuss).

Stirne erzgrünlich schimmernd, gelb bestaubt. Untergesicht hellblau glänzend, ebenfalls mit gelber Bestaubung. Fühler gelb (das dritte Glied fehlt). Thorax auf der Oberseite erzgrün mit gelbem Seitenrand und drei hechtblauen Längsstriemen, dünn und kurz gelblich behaart. Brustseiten glänzend bläulich grau; die Schwielen auf der Mitte gelb. Schildchen gelb, durchscheinend, kurz schwärzlich behaart. Hinterleib dunkelrothbraun; der zweite Ring auf der Mitte mit einer breiten gelben Querbinde, auf dem dritten und vierten Segment ist der Vorderrand schmal gelb gerandet und die Quer-

binden sind durch eine mit dem Vorderrand zusammenhängende Ruckenlinie in zwei
Theile getheilt; das vierte Segment ist ganz gelb und zeigt in der Mitte eine dunkel-
braune, etwas verkurzte und in die Lange gezogene Tförmige Figur; das funfte Segment gelb mit brauner Ruckenlinie. Bauch und Beine gelb. Flugel glasshell mit gelblichem Randmal.

Mus. Senckenb.

122. Eristalis thoracica n. sp. ♂ ♀

Thorace fulvido piloso; abdomine nigro, segmento secundo lateribus flavo maculato; pedibus rufo testaceis.

Long. 12 mill. Patria: Mejico.

Kopf gross, kuglich. Stirne und Untergesicht bräunlichgelb, grauschimmernd;
erstere mit langerer, letzteres mit kurzer gelbgrauer Behaarung dicht besetzt. Oberer
Theil der Stirne des ♀ schwärzlich. Gesichtsstrieme glanzend rothbräunlich. Backen
schwarz. Fühler rostgelblich. Hinterkopf weiss schimmernd, oben rothlich, unten weiss
behaart. Oberseite des Thorax schwarzbräunlich, dicht mit kurzer, fuchsrothlicher, filzartiger Behaarung bedeckt. Brustseiten schwarz, grau schimmernd. Schildchen rothgelb durchscheinend, dicht rothgelb behaart. — Hinterleib ahnlich wie bei E. arbus-
torum L. ♀; doch sind die Hinterränder der Segmente gelber gefarbt und ist die Behaarung eine starkere. Letztere ist gelblichweiss und macht sich am Hinterrande des zweiten
und dritten Segments je eine aus dichter schwarzer Behaarung gebildete Binde bemerklich. Bauch schwärzlich, weisslich behaart. Beine braunrothlich mit schwarzen
Schenkeln und gelblichen Knien. Hinterschenkel stark verdickt, an der Unterseite dicht
und kurz schwarz behaart, an der Oberseite mit dichter langerer weisslicher Beha-
rung, welche sich auch an den Mittelschenkeln zeigt. Mittelschienen und Schienen-
wurzeln der Hinterbeine dicht und kurz weisslich behaart. Hinterschienen stark ge-
krümmt. Flugel glashell, auf der Mitte mit schwachem, braunem Wisch.

Mus. Darmst.

123. Eristalis tricolor n. sp. ♀

Thorace dimidiato; parte antica cinerea, postica atra; scutello flavo; abdomine nigro, lateribus flavo maculato.

Long. 10 mill. Patria: Mejico.

Stirne und Untergesicht gelblich; erstere gegen den Scheitel hin schwärzlich und daselbst mit schwärzlicher, auf dem unteren Theil dagegen mit weisslichgelber Behaarung, welche auch das Untergesicht bedeckt und eine glänzend gelbe Mittelstrieme frei lasst. Mundrand und Backen dunkel rothbraun. Augen schwarzbraun behaart. Fühler rostgelb. Hinterkopf grau schimmernd. Oberseite des Thorax kurz graulich behaart und durch eine scharfe Grenze in eine vordere aschgraue und eine hintere sammtschwarze Hälfte geschieden. Brustseiten schwarz, gelblich behaart. Schildchen breit gelb, kaum durchscheinend. Erstes Segment gelb, in der Mitte schmal schwarz; das zweite sammtschwarz mit grossen gelben Seitenflecken, welche an den Seiten des Hinterrands die schwarze Farbe fast ganz verdrangen. Die schmaleren Flecken des dritten Segments lassen einen schmalen schwarzen Seitenrand frei. Viertes Segment und After sammtschwarz. Hinterrander des zweiten, dritten und vierten Segments sind schmal rothgelb gesäumt. Bauch gelb, gegen die Spitze schwarz. Schenkel schwarz, an der Spitze braunlich. Die gekrümmten Schienen und die Tarsen braun. Flugel glashell.   Mus. Darmst.

124. Eristalis Bellardii n. sp. ♂

Thorace nigro, flavido piloso, scutello cupreo micante; abdomine nigro, lateribus late rufo; pedibus nigris, tibiis basi albidis.

Long. 13 mill. Patria: Mejico.

Stirne und Untergesicht schwärzlich, grau schimmernd und gelbgrau behaart; erstere über den Fühlern mit einer glänzend schwarzen, kahlen Stelle; letzteres mit ebensolcher Mittelstrieme und damit zusammenhangendem Mundrand und Backen. Fühler schwarz. Russel vorstehend. Augen schwarzbraun behaart. Thorax schwarz, erzgrün schimmernd und wie an den Brustseiten dicht kurz blassgelb behaart. Schildchen braunlich, kupferrothlich schimmernd, am Hinterrande schwach durchscheinend. Hinterleib

sammtschwarz, an den Seiten des zweiten, dritten und vierten Segments zusammen-
hangend breit rothgelb; die Hinterrander ziemlich breit citrongelb gerandet. Bauch
gelb, auf der Mitte braunlich; das funfte Segment glanzend schwarz. Beine schwarz,
die Wurzelhalfte der Schienen weisslich; Schenkel lang gelblich, seidenglanzend behaart. Flugel glashell.   Mus. Darmst.

125. Eristalis ursinus n. sp. ♀

Thorace nigro-velutino; margine antico flavido fasciato, lateribus fulvido pubescente; abdomine flavido pellucido, margine postico segmentorum singulorum fusco;
ventre flavido, linea media nigra nitida; pedibus nigris, tibiis tarsisque basi testaceis.

Long. 15 mill. Patria: Java (Fritz).

Kopf schwarz, gelblich bestäubt. Stirne am Scheitel sammtschwarz mit kurzen,
schwarzen, abstehenden, weiter unten mit braunen, und an den Fuhlern wie das Untergesicht mit weisslichen niederliegenden Härchen besetzt. Backen mit glanzend
schwarzer Binde. Fubler rothlichbraun (nur das erste Glied vorhanden). Taster
schwarzbraun. Hinterkopf an der oberen Halfte sammtbraun, an der unteren silbergrau. Thorax und Schildchen sammtschwarz; ersterer mit kurzer dichter gelber, nach
hinten rothlicher, am vorderen Seitenrand aber lebhaft fuchsrothlicher und dichterer
Behaarung, sowie am Vorderrand mit gelber, gleichbreiter Querbinde. Schildchen kurz
schwarz behaart, am Rande mit langeren abstehenden gelblichen Härchen sparlich besetzt. Brustseiten grau bestäubt und rothlichgelb behaart. Hinterleib durchscheinend
gelb, sehr kurz und dicht gelb behaart; das erste Segment ganz schwarz; die ubrigen
am Hinterrand breit schwarzbraun gebandert. An den Vorderecken des zweiten Segments tritt die gelbe Behaarung am dichtesten und fast goldglanzend auf. Bauch gelb,
in der Mitte mit sehr breiter, glanzend schwarzer, an den Randern eingekerbter Langs-
strieme. Beine schwarz, Schenkel und Schienen der Hinterbeine flach gedruckt und
dicht schwarz gewimpert. Schienen und Tarsen an der Wurzel gelblich, grau behaart;
Tarsen der Hinterbeine rothbraun. Flugel gebräunt; Wurzel und Vorderrand, letzterer
besonders in der Mitte intensiv rostbraun. Alle Adern braun gesäumt.

Coll. v. Heyden.

13

126. Eristalis tabanoides n. sp. ♀ Taf. 2. Fig. 4.

Capite globoso; hypostomate fronteque grisels, callis nigris; oculis punctatis; thorace griseo, vittis quatuor aeneis micantibus; scutello fusco-testaceo, pellucido; abdomine aeneo-micante, albido-fasciato, basi albo; ventre flavido; pedibus flavidis; femoribus nigris, apice albidis.

Long. 11,5 mill. Patria: Massaua: (Ruppell).

Eine prachtvolle, scharf gezeichnete Art. Kopf fast kugelrund. Stirne und Untergesicht fast gleichbreit, grau, sehr kurz und dicht silbergrau behaart. Ueber den Fühlern eine rautenförmige in eine schmale Linie bis zur Mitte der Stirne fortgesetzte schwarze Schwiele. Untergesicht mit einer linienförmigen schwarzen Schwiele über dem Höcker und einer ebensolchen, jedoch etwas breiteren und längeren, zu beiden Seiten desselben. Fühler röthlichgelb; das dritte Glied längs des Rückens bräunlich. Augen sehr gross, hellroth mit dunkeln punktförmigen, oben häufigeren und zusammenfliessenden Flecken. Thorax weisslichgrau, gelblich behaart mit vier erzgrünen, breiten glänzenden Striemen. Brustseiten grau, silbergrau behaart. Schildchen bräunlich gelb durchscheinend und sehr kurz weisslich behaart. Hinterleib erzgrün, glänzend mit rothlichweissen, matten, etwas bogenförmigen und nach der Mitte hin verschmälerten Binden, welche dem Vorderrande der Ringe näher stehen. Erstes Segment weiss. Beine kurz und dicht weisslich behaart; die Schenkel schwarz mit weisslicher Spitze; die Mittelschienen ganz, die der Vorder- und Hinterbeine nur an der Basis weiss, sonst braun. Tarsen braun. Flügel glashell mit gelblichem Randmal. Schwinger weisslich.

Mus. Senckenb.

127. Helophilus susurrans n. sp. ♀

Hypostomate aureo, vitta longitudinali rufa; antennis rufis; thorace trivittato; abdomine trifasciato; alis hyalinis basi margineque antico flavis.

Long. 13,5 mill. Patria: Illinois (Dr. Reuss).

Stirne und Untergesicht goldgelb bestäubt und behaart; letzteres mit breiter rother Gesichts- und schwarzen Backenstriemen. Scheitel schwarz, schwarz behaart. Fühler roth. Thorax oben gelb mit den gewöhnlichen drei schwarzen Striemen; kurz und dicht gelb behaart. Brustseiten schwarz, gelb bestäubt und behaart. Schildchen bräunlich durchscheinend. Hinterleib wie bei II. pendulus L., nur lässt die Binde des zweiten Ringes den Seitenrand ganz frei und diejenige auf dem vierten ist nicht getrennt; die Binde des dritten auf der Mitte eiförmig abgerundet. Beine wie bei II. pendulus L. Flügel glashell, an der Basis und am Vorderrande röthlichgelb.

Mus. Senckenb.

128. **Milesia Meyeri**[1]) n. sp. ♂ Taf. 2. Fig. 11.

Thorace flavo signato, scutello nigro, nitido flavido-marginato; abdomine coeruleo nigro, flavo fasciato; pedibus nigris: femoribus, tibiisque intermediis flavidis.

Long. 25 mill. Patria: Java (Fritz.)

Stirne und Untergesicht schwarz, dicht gelb bestäubt und behaart. Erstere über den Fühlern glänzend schwarz (abgerieben?), und am Scheitel mit einem nach vorn gebogenen Büschel längerer gelblicher Haare. Fühler schwarz. Backen mit glänzend-schwarzer Strieme. Thorax schwarz, dicht und kurz gelb behaart und wird durch diese Behaarung die Grundfarbe theilweise ganz verdeckt, wodurch folgende regelmässige Zeichnung entsteht. Hintere Hälfte schwarz; die vordere gelb, in der Mitte mit einer schwarzen, vorn ziemlich schmalen, durch eine feine Linie nochmals getheilten Langs-strieme und jederseits mit einer schmalen schwarzen, vor der Mitte abgebrochenen Querstrieme. Vor dem Schildchen am Rande jederseits längere, gelbe Behaarung. Schildchen schwarz; breit gelb durchscheinend gerandet, oben punktirt und glänzend, am Rande gelblich behaart und diese Behaarung vorn sehr dicht. Brustseiten schwarz, gelb behaart, die Beule vor der Flügelwurzel besonders dicht und kurz. Hinterleib schwarzblau, glänzend, mit kurzer niederliegender schwarzer Behaarung, am Vorder-rand des zweiten, dritten und vierten Segments mit je einer gelben, seidenglänzenden, gleichfarbig behaarten Querbinde, deren vordere am breitesten und deren hinterste am schmalsten ist. Bauch mehr bräunlich; die mittlere Binde am deutlichsten. Beine schwarz; die Schienen und die Unterseite der Schenkel der Mittelbeine blassgelb, langzottig und seidenglanzend gelblich behaart. Die Wurzel der Hinterschienen und die Wurzelhälfte der Vorderschienen weisslich. Hinterschenkel und Schienen langzottig schwarz behaart. Erstere und die Vorderschenkel an der Basis stark mit gelben Haaren untermischt.

---

[1]) Zu Ehre des Paläontologen Dr. Hermann v. Meyer.

13 *

Flügel gelblich, am Vorderrand intensiver gefärbt. Fünfte Längsader innerhalb der Basalzelle bis zur kleinen Querader verdoppelt.

Coll. v. Heyden.

129. Chrysogaster lugubris. n. sp. ♀

Aeneus, hypostomate ferrugineo; thorace nigricante, scutello abdomineque coeruleoviridi; alis fuscis.

Long. 13,5 mill. Patria: Chile (Cumming).

Stirne schwarz, am Vorderrande rostgelb, glänzend, sparsam schwarz behaart; über den Fühlern mit einer eingedrückten kurzen Linie. Fühler tiefschwarz; das dritte Glied sammtartig. Untergesicht unter den Fühlern ausgehöhlt, matt rostfarbig mit gleichfarbiger glänzender Backenstrieme. Hinterrand des Kopfes schwarz. Thorax schwärzlich mit erzgrünen und kupferröthlichen Reflexen, spärlich schwärzlich behaart und am vorderen Seitenrand mit einer grünen Schwiele. Brustseiten dunkelgrün, metallglänzend. Schildchen blaugrün, glänzend, am Rande sparsam behaart. Hinterleib blaugrün, glänzend, kurz schwarz behaart und an den Seiten des ersten und zweiten Segments mit längerer weisslicher Behaarung. Bauch stark, glänzend, grün; sparsam weisslich behaart. Beine schwarz; weisslich behaart; die Wurzelhälfte der Schenkel erzgrün. Flügel braun, längs des Vorderrandes intensiver.

Coll. v. Heyden.

Conopidae.

130. Myopa insignis n. sp. ♀

Thorace fusco, sulcato; scutello pallido, maculis duabus nigris; abdomine castaneo, albo maculato; hypostomate albido-sericeo, maculato; fronte ferrugineo; pedibus annullatis.

Long. 8 mill. Patria: Simen (Rüppel).

Stirne sammtartig rostroth, in gewisser Richtung weissschillernd; neben den Fuhlern dunkler gefleckt und am Scheitel lang schwarz behaart. Untergesicht seidenartig glänzend, weisslich am Hinterrande und vorn mit schwärzlichen punktartigen Flecken. Erstes und zweites Fühlerglied bräunlichgelb; dicht mit schwarzen Börstchen besetzt; das dritte tiefschwarz mit rother Borste. Taster schwarzbraun. Thorax auf der Mitte glänzend schwarzbraun gefurcht; am Seiten- und Hinterrande matt braun mit dünner, langer, schwarzer, abstehender Behaarung. Brustseiten rostbraun. Schildchen hellbraun, jederseits mit einem schwarzen, sammtartigen, lang und dicht behaarten Fleck. Hinterleib rostbraun glänzend, fuchsröthlich behaart und mit weisslichen Schillerflecken bedeckt. Beine rostbraun; die Schienen mit zwei dunkleren Ringeln; die Schenkel an der Spitze mit einem dunkleren, breiteren Ring. Metatarsen der Hinterbeine ebenfalls dunkler; die Beine sind ausserdem stark mit weissschillernder Bestaubung bedeckt, welche denselben ein sehr scheckiges Aussehen gibt. Flügel gleichmassig gebräunt, an der Wurzel gelblich; die kleine Querader und die Basis der dritten Längsader fleckig getrübt.

Mus. Senckenb.

131. Zodion splendens n. sp.

Crocato-ferrugineus. Thorace nigro, bivittato, lateribus albo signato; abdomine albo signato; alis fuscatis.

Long. 10 mill. Patria: Mejico.

Stirne rostgelb, nach hinten dunkler. Untergesicht seidenartig weisslich schimmernd. Fubler safranfarbig mit schwarzer Borste; die beiden ersten Glieder mit sehr kurzen schwarzen Börstchen besetzt. Thorax auf der Mitte sammtschwarz mit zwei bräunlichgelben vorn keulenförmigen, den Hinterrand nicht erreichenden Striemen. Seiten- und Hinterrand safranartig roth mit weisslichen Schillerflecken, welche an den Vorder- und Hinterecken besonders auffallend hervortreten. Brustseiten oben roth, nach unten schwärzlich mit weissen Schillerflecken. Schildchen sammtartig safranroth, am Rande mit schwarzen Härchen besetzt. Hinterleib sammtartig safranfarbig; an den Seiten des zweiten und dritten Segments mit jederseits einem weisslichen, schräg nach vorn und oben gerichteten, durch sehr dichte, weissliche Bestaubung gebildeten Streifen, von welchen jener auf dem zweiten Segment vom Hinter- bis zum Vorderrande reicht, und ist der ganze Hinterrand dieses Segments schmal weiss gerandet. Die übrigen

Segmente sind ausser am äussersten Seitenrande durchaus dicht weiss bestäubt und zeigen das dritte und vierte, nahe der Mitte, jederseits einen safranfarbigen Fleck. Diese Flecks sind auf dem dritten Segment dreieckig und ziemlich gross, während sie auf dem vierten nur kleine runde Punkte bilden. Bauch und Beine safranroth; die beiden letzten Tarsenglieder schwarz. Kniee und Schienen seidenglänzend weisslich bestäubt. Schenkel mit langerer schwarzer Behaarung. Flügel schwärzlich getrübt.

Mus Darmst.

Hippoboscidae.

132. Hippobosca Wahlenbergiana n. sp. ♀ Taf. 2. Fig. 13.

Rufa, thorace scutelloque flavo maculatis, nitidis; pedibus rufis.

Long. 9 mill. Patria: Caffraria (Wahlenberg).

Kopf glänzend gelb. Stirne mit rothlichbraunem, in der Mitte schmälerem Längseindruck. Fühler blassgelb. Mundtheile glänzend braun. Thorax glänzend rothbraun mit zwölf hellgelben Flecken, deren drei am Vorderrande, vier in einer hinter letzteren liegenden Querreihe, zwei am Rande und einer in der Mitte der Quernath, und schliesslich zwei an den Hinterecken stehen. Schildchen glänzend, in der Mitte mahagoniroth, an den Seiten gelb. Hinterleib braun, kurzborstig, struppig. Brustseiten roth, dünn weisslich behaart; vor der Flügelwurzel mit gelben Flecken. Beine roth, sparsam gelb behaart. Klauen schwarz. Flügel gebräunt: die Adern dick schwarzbraun.

Coll. v. Heyden.

133. Ornithomyia javana n. sp. ♀ Taf. 2. Fig. 14.

Testacea. nitida, antennis supra nigro marginatis; alis fuscatis.

Long. 6 mill. Patria: Java (Fritz).

Glänzend bräunlich gelb mit Ausnahme des Hinterleibs. Stirne mit matter Strieme. Fühler lang, am oberen Rande schwarz eingefasst und stark gewimpert. Das Plättchen über den Fühlern mit einem Längseindruck in der Mitte. Schenkel oben stark gewimpert. Bauch am Seitenrand ebenfalls mit längeren Haaren besetzt. Flügel gebräunt. Erste Längsader vor der Mitte in den Rand mundend; hintere Basalzelle wenig kürzer als die vordere.

Coll. v. Heyden.

Verzeichniss der Abbildungen.

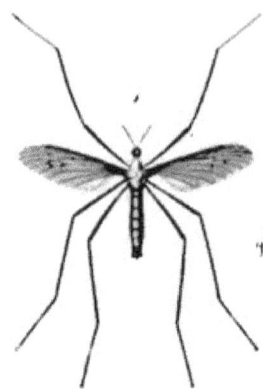

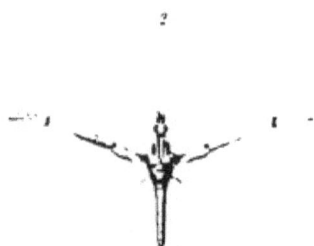

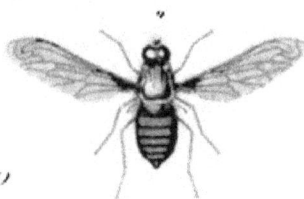

www.ingramcontent.com/pod-product-compliance
Lightning Source LLC
Chambersburg PA
CBHW030551270326
41927CB00008B/1593